创富法则

通往财富自由之路的七堂必修课

汤小明◎著

四川人民出版社

readers-club

北京读书人文化艺术有限公司
www.readers.com.cn
出　品

再版序

《富爸爸穷爸爸》引进中国后，和在全球其他地方一样，也掀起了一场"紫色风暴"，这场风暴的核心是两个字：金钱。把金钱摆到桌面上变成了每个人、每个家庭、每个企业要面对的问题。

面对金钱，有两个基本的问题要解决：一是我们要具备什么样的素质才能处理好金钱，这是说"财商"；二是这种素质怎么培养，这是说"财商教育"。在中国20多年如火如荼的财商教育实践过程中，我们看到接受过财商教育的一些人在改革开放的创富浪潮中变得富有，但有人并没能改善他们的财务状况或守住自己挣来的钱，也看到有些没有接受过财商教育的人在中国崛起的大背景中富起来了，甚至创建了知名的企业和品牌。问题来了：财商教育的效果为何会有这样的差异？经过多年探索，我们发现问题的关键要落到一个字上：人。跟金钱打交道的主体是人，金钱、货币，以及经济系统、财富系统都是人创造的，没有人就没有金钱，没有这一切的知识、结构和制度，也没有财商，所以财商教育的核心是人的建构。

改革开放之初，对金钱的追求和渴望唤醒了中国人长期被压抑的创富热情，几乎整个社会都投入到致富的大潮中。然而40多年过去了，现如今对金钱单一的渴望和欲望又成为我们对金钱、对财富、对企业，以及对一个人丰富性的认识的阻碍，于是大多数人被困在狭隘的"集"上，特别是年轻人，会觉得机会越来越少，赚钱越来越难。对金钱的强烈欲望和赚钱的低效率反而压抑了年轻人的创造热情和活力，限制了人们挣钱的可能性，哪里出了问题呢？

我们总说追求金钱，谁在追求呢？是人。如果金钱的主人这个主体的建构、发现、挖掘不够，那人就成了金钱的奴隶，已经有很多人变成"房奴""车奴"。所以说，对人的自我觉醒、发现和挖掘的观照已经到了非常紧迫的阶段。

此外，金钱的表现形式在当下的数字时代已经变得非常丰富多样，它游走在虚实共生的市场，如制造、生产、消费等领域。在科技和数字的影响下，金钱不断地发展变化，甚至发展出很多不确定性，因此跟金钱打交道的人对这些变化的适应、跟进甚至主奴建构、超越就成了亟待解决的问题。

说到"人"，这是一个很大的概念，很多领域都对"人"有定义，在经济学领域，人首先是劳动力，是很重要的资源。人身上"资源"的意义表现在哪里呢？在探索财商教育20多年后，我们发现人的"资源"层面体现在"知产"上，即知识和情绪结合的产物。知产对于人意味着什么？它是排在一长串"0"最前面的那个"1"，不管我们想拥有什么，首先必须拥有知产，只有知产才能承载起那些东西。今天，每个人都拥有很多知识，同时也本能地拥有各种情绪，但是知识和情绪如何产生知产？

本书在与金钱打交道的四个象限中揭示人在"钱"这个"集"上的位置，并给出了决定这个位置的三要素，也就是训练财商的三要素，分别是：M（Motivation，创富动机）、B（Behavior，创富行为习惯）、W（Ways，创富路径）。

书中对此做了初步的分析与建构，并对三要素最有效率的结合产品——资产，与财富自由进行了关联研究，将"人性"的核心理念放在首位。本书虽未对"知产"概念做出明确分析，但各种对话都指向知产训练，为资产获得提供了独特的方法——知产集习。作者也将在随后的书中继续分析研究知产与资产的关系。

欢迎读者朋友们结合自己的财商实践，提出宝贵建议和意见。

前　言

我们一直在与金钱打交道吗?

是的,我们一直在与金钱打交道,司马迁在两千多年前就说了:"天下熙熙,皆为利来。天下攘攘,皆为利往。"如今我们置身发达的市场经济中,生活的方方面面,从衣食住行到面子、尊严,甚至自由、幸福都被货币化、价格化了,生活之路从某个角度上说已变成了挣钱之路。

所以,我们要努力工作,但为什么大部分人还并不富有?这是财商教育不得不面对的问题。这些年来,我通过大量的案例分析,对这个问题逐渐有了清晰的答案,那就是我们大多数人都迷失在挣钱的饥渴状态中,而失落了自己的财商智慧,忘记了自己本来的富有状态,变成了一个金钱世界中不明白的人,而少数明白人则成了金钱游戏规则的制定者和赢家。

我们要明白什么?古人说"人为财死,鸟为食亡",那么,财富的本质是什么?

财富实际上是一种交互权利,在市场经济发达的今天,可以用货币量化的一种权利。这种权利具有最一般意义上的普适、流通、储存和定价功能,也就是每个人、家庭、企业、国家可量化的资产,如现金、房产、股票、企业股权,等等。

可问题是,每个人获取这些资产的途径是不同的。少数明白人将获取财富的途径与个人兴趣、人生意义关联，即挣钱的方式就是自己喜欢或向往的生活方式，从而把对自己有意义的交互事物转化成资产，转化成现金流。而大部分不明白金钱游戏规则的人，则是将个人生活与工作挣钱分离开来，为钱忙碌，为钱（物）所役，使与钱打交道的效率变低，甚至面临一生贫穷的风险。

财商教育，就是要在扑朔迷离的财富世界中让人们变得更明白、更理性、更智慧，并找到属于自己的挣钱与生活合二为一的关联方式，即不为钱工作，只为自己活着的价值、意义而工作。如此，你便实现了财富自由。

那么，如何才能找到这种既做自己喜欢、有意义的事，又能获得财富的生活方式呢？当今日新月异的科学技术给了我们很多实现这个目的的机会，但要把握这些机会，我们既需要西方财富游戏的理性智慧（西方经济学、金融学等），又需要东方文化激活个人交互力量的完美智慧（系统思维、直觉体验、天人合一）。

本书从金钱生活的真相开始，逐步展开对创富法则"MBW"的探讨，让有奋斗精神的年轻人激活自己的财商，参与到这场全球财富创新的革命浪潮中来，书写自己的时代故事与创富传奇。

目 录

引 子　1

　　接父亲的班，还是自己创业？　1

第一课　金钱生活的四象限　5

　　金钱生活中的两种人——明白的少数人
　　和不明白的多数人　7
　　少数人支配大部分的财富　11
　　什么是财商？　13
　　金钱生活四象限之 UB 象限　15
　　金钱生活四象限之 UQ 象限　16
　　金钱生活四象限之 AB 象限　19
　　金钱生活四象限之 AQ 象限　21

自己去选择，这是你的权利　　23

第二课　改变是很难的事　　27

改变　　29

改变真的很难吗？　　29

创富的三大法则：M、B、W　　32

第三课　创富动机 M　　37

贫穷——最朴素的创富动机　　39

UB 象限人的 M　　43

UQ 象限人的 M　　47

AB 象限人的 M　　50

AQ 象限人的有限需求与无限需求　　52

创富动机的层次　　58

如何检验自己的创富动机？　　70

几点建议　　71

第四课　创富行为习惯 B　　73

美国的财富行为习惯 B　　75

AB 象限人的 B　　81

UQ 象限人的 B　　84

UB 象限人的 B　89
AQ 象限人的 B　91
左右象限行为习惯的转变法则　93
几点建议　99

第五课　创富路径 W　101

有哪些创富路径?　103
UB 象限人的 W　109
UQ 象限人的 W　110
AB 象限人的 W　112
AQ 象限人的 W　113
富爸爸的 ESBI 象限　114
动产及其投资工具　116
不动产（房地产）的投资工具　122
几点建议　137

第六课　M、B、W 的和谐　139

M、B、W 三者的和谐与平衡　141
匮乏性动机和成长性动机分别
　　需要什么样的 B 和 W 呢?　148
没有创富动机的人如何匹配 B 和 W 呢?　150
我们都是有限的　151

第七课　财商新生活　　161

人人都有的财商权利　　163

少数人能正视与钱打交道之事　　165

环境和习惯让我们放弃了财商权利　　166

贫富差距越来越大　　167

看清金钱问题，少些怨恨　　168

与金钱打交道的过程变得有趣，

　　这是人生的重要部分　　170

我们有权利活得明白　　171

国家富强的动机 M　　172

快速变化留下的后遗症　　174

一个好的动机必须配以好的行为习惯　　175

创业拥有股权是个不错的 W　　178

我们可以做点什么？　　180

三个假设　　181

三个原则　　182

认识一下我们创富的大环境　　183

中国在转型，世界也在转型　　183

从古代开始中华民族就是一个

　　有财商智慧的民族　　186

中华民族不仅在复兴，更是在创新

　　全球财富市场　　188

未结束的故事　192

附　录　我与欧阳教授的财商对话　193

财商教育是正确的吗？　195

少数人明白金钱游戏规则　198

为什么要成为一个明白人　199

什么是财商测评　202

财商教育，还您自由生活　205

每个人都可以是富人　206

追求三种生活方式　208

西方对理性人的假设过时了吗？　209

有限与无限并存的世界正在显现　210

到底有没有财富自由？　212

每个人都有权知道左右象限的差别及
　M、B、W创富法则　214

财商教育让少数人心智成熟　216

不为钱工作，就财务自由了　217

后　记　219

引 子

接父亲的班，还是自己创业？

凌晨时分电话铃响了，是老同学杨山。很久没接到他的电话了。电话那头的杨山显然是喝醉了，与平时矜持的一面相反，特别兴奋、激动，还有点无奈。他花了很长的时间，一直在讲着自己儿子的问题。他的儿子杨密即将大学毕业，他希望儿子毕业后能够继承自己的那份产业，也就是他的仪器设备公司。杨山大学毕业后先去了国企，由于他的勤奋和聪明，最后做到了总工程师，但他并不满足，于是辞职下海，利用自己的技术和原来积累的一些客户资源，做起了仪器设备的进出口业务。辛辛苦苦20年，现在业内已小有名气，拥有了几千万的资产。

但儿子杨密却怎么也理解不了父亲一定要让他接班的想法，杨密在大学里很优秀，曾在假期去父亲的工厂干过活，还成功地谈成了几笔生意。虽然干得不错，但杨密认为这仅仅是他的一种实习，父亲的这份产业不对他的胃口，他根本不愿意去接父亲的班。而杨山随着年岁增长，在管理上、应酬上已经有些力不从心，由于中国经济在转型，进出口业务受到了极大的冲击，生意不太好做，他正处在思考怎么办或者说重新选择的时候，所以特别希望儿子能够帮一把，没想到却遭到儿子的拒绝。

我问他，那你儿子究竟对什么感兴趣呢？

电话那头杨山满是无奈地说："他想折腾什么电子游戏产业，现在大学都在搞创业创新'双创'活动，几个'青沟子娃儿'他们想在一起创办个公司，开发什么O2O游戏业务，搞什么'互联网+'。还要让我出一笔启动资金。"

我说："那你准备给他吗？"

杨山很激动地说："当然不能给，那不是瞎折腾吗？他连财务报表都不愿意看，还谈什么生意？那不是把钱拿去打水漂吗？我希望他能够上你那儿去，你也帮我来评判一下这个不听话的儿子，看他是不是一个创业的料，当然最好能说服他跟我一起做生意。"

我劝杨山："孩子大了，有自己的主见，孩子能做什么、想做什么，真不是父母能够完全做主的。而且，父母也不应该做这个主，要不然以后他不成功或者不幸福，认为是你没有给他机会。时代变了，现在跟我们那时不一样了，孩子自有孩子的福气，所以你也不用太操心。要是你儿子愿意的话，可以让他来找我。"

几天后，杨密坐在了我的办公室。他花了半小时激动地向我讲他的理想、人生，讲他想去创业，想成为成功的人，他说他的梦想就是要创立一家BAT一样的公司。

我看着两眼放光、踌躇满志的杨密，平静地告诉他说："我听完你的整个想法，送你两个字：没门。"

杨密一下有些愣神。我问他："为什么想要自己创业？怎么会有成就一个伟大企业的想法？你真的以为你能行？"

他在我的打击下显得有些沮丧，他低着头，支支吾吾地解释为什么想创办一个企业的理由，诸如学校在搞"双创"活动啦，大家都在一起计划啦,等等。

我接着问他:"为什么对自己父亲的企业不感兴趣?"杨密讲父亲的企业太小,做一些中介业务,他认为这是一个没有什么成就感的呆板工作,挣不了大钱。

"那你认为挣多少钱合适呢?"我问。

他也答不出来,只讲他希望成功,希望被人注意,希望获得更多人的认同。

"更多人的认同?"我打断他,"你这指的是什么意思?如果你接你父亲的班,那不是就可以获得你父亲的认同吗?你不在乎你父亲的认同吗?你究竟想获得谁的认同?"

杨密想了一会儿,红着脸说了实话。

杨密说他喜欢一个叫南希的女孩,他想获得她的认同,这就是他的动机。

南希家里很有钱,她花钱的方式,一次次地刺激了杨密。杨密发誓一定要快速地挣到钱,挣到大钱。不能像他父亲那样蜗牛似的慢慢爬,还得不到相应的光环和荣誉。

"那你为这个创业梦想做了什么呢?"我问。

杨密低着头,也不敢看我,显得越来越不自信,说自己和几个同学在一起讨论了好几次,大家还谈到了分工。

我问他:"那你们的启动资金需要多少?谁出这个钱?"

杨密说当然是自己的父亲,可以向他借,并激动地表示他一定会加倍奉还的。

和杨密长达一个半小时的交流快结束的时候,我告诉他,根据目前对他的了解和判断,他不可能实现自己都并不清楚的梦想。

而且，他将很快地把父亲给他的第一笔投资折腾完，也就是说他父亲准备给他出的 20 万资金，会在几个月之内花光。他既无法通过这次创业证明自己能赚钱，得到南希的喜欢，更不可能得到父亲的认可，失败还会让他一蹶不振。所以我给他的建议是要么认真思考怎样去接父亲的班，把家里那份生意做好，要么就去找一份工作。

杨密听后很激动，甚至愤怒地说："我一定会成功的，我一定能证明自己！你算什么教育专家？面对一个年轻人的梦想，你不鼓励、不支持，还打击我，我爸有你这样的同学也很无语。要不就是我爸打电话让你来劝我回到他的身边。"

我对他说："你不要激动，好好想一想，如果你固执地认为可以不管这些，依然去注册公司去创业，那我只能告诉你，一定会以失败来学到这一课。如果你想知道为什么不能成功、不能成为优秀的企业家的话，两天以后带上 5000 元学费来找我，答案可能会很残酷，做好心理准备。"

第一课

金钱生活的四象限

金钱生活中的两种人
——明白的少数人和不明白的多数人

两天后,杨密如约和我在金融街地铁口见了面。早上9点钟,地铁口熙熙攘攘,上班的高峰还没有退尽,杨密匆忙地从地铁口走出来。

"老师,给你,5000元钱,这是我的学费。"

"心疼吗?"

"不心疼。"

"准备好了?"

"准备好了,老师你怎么会想到把我约到地铁口见面呢?"

我问:"你知道这些人他们每天这么拥挤忙碌,都去干什么吗?"

"那还用问?上班呀。"

"上班是为了什么?"

"为了挣钱呀。"

"在这些上班挣钱的人当中,你认为多少人有工作的乐趣?或者是做着他们小时候梦想做的事呢?"

"这我不知道,反正我知道他们必须辛苦地工作。年轻人为了攒钱、为了在北京活下去,不管是付房租还是平时的吃饭、约会等,都'饥饿'着需要钱。中年人则要养家糊口,上有老下有小,孩子的教育费用还越来越高。年纪再大一点儿的,也希望能够再多挣一点,为以后退休做准备。"

"还有点观察力,哦,对了,你交来这5000元钱,是不是你一个月的生活费呀？他们在挣钱，你在花钱，不心疼这5000元钱吗？"

"不，老师，我回去想了很久，为什么您要打击我的创业梦，认为我肯定会失败，我想找到答案，您是被我父亲和其他人称为财商教育的专家，我很想向您讨教一下。"

我们俩一边走一边聊，离地铁口越来越远，往金融街的中心走去。我问杨密："你知道金融街的房价在北京已经涨到多少了？"

杨密说："听说已经涨到十几万一平方米了。这是北京的金融中心，也可以说是中国的金融中心。"

说话的时候，我们陆续走过了国家金融监督管理总局（原银监会）、证监会的大门，而且在不远处，就是中国人民银行。这里地处北京的繁华地段，离西单商业区、天安门广场都很近，再加上大量金融机构的进驻，地价疯狂地上涨。

半个多小时后，到了金融街广场，由于来得早，很多咖啡厅才刚刚准备营业，我们选了一个露天的广场咖啡厅坐下来。

"老师，您准备在这给我上课吗？"杨密问。

"是的，今天我们开始上的第一堂课就是金钱生活的四个象限。我们这个世界上分两种人，一种人就是每天按时按点地出现在地铁、公交车上，忙碌地奔向某个地方，完成固定的任务，领到那份工资，并希望自己的工资还能逐步上涨的人。

"还有一部分人，例如在咖啡厅附近的少部分人，以及在我们刚才走过的国家金融监督管理总局（原银监会）、证监会里的人。那么这些人是做什么的？"

说到这，我又指了一下离广场咖啡厅不远的一座大厦，那是2015年成立的亚投行，"这是我们国家和100多个国家成立的亚洲

第一课　金钱生活的四象限

基础设施投资银行，其主要的投资方向就是亚洲国家的基础设施建设，并以此为纽带促进亚洲区域经济一体化和经济发展。

很多人都关注着这里，因为整个中国金融政策的变化、走势，都与这里息息相关。每一家新闻媒体，把摄像机镜头对准这里，大家都非常关注，在股市萧条不确定的时候，这里会有什么新举措，中国的股市受政策的影响很大。

"在我们喝咖啡的这一带，这些人他们不仅有不错的薪水，还决定着大多数人经济生活的规则。

"也就是说这个世界分两种人：一种人过着朝九晚五、上班下班、买菜做饭、购物遛弯的生活，另一种人是在设计、创造、指挥着整个社会的经济运转。"

说到这，杨密打断我说："老师，我知道您为什么带我到这上课了，这个地方让我想到了华尔街。因为华尔街也联系着美国的高净值人士，他们不仅影响着美国的金融甚至全球的金融，所以有人说华尔街打个喷嚏，全世界都会感冒，但不知道什么时候，中国北京的金融街打个喷嚏，全世界也会感冒。"

"是的，亚投行的成立已经让很多地方的人开始打喷嚏了。"

"亚投行成立以后，美国和日本也抓紧成立了TPP，据说也是为了增加市场抗衡的力量。市场，一定是多方角逐、平衡的地方，而不是单方表演的舞台。不像现在那些媒体，动不动就上升到阴谋论，他们不知道市场本身就是有战场的地方，这种战场不是负面的，而是积极和正面的，它促使了各种力量的自我发展，向更好更强的方向。当然，这是另外的讨论。老师今天给你讲的是，这个世界上分成两种人，少数人和多数人，刚才你提到华尔街，你知不知道有

9

一个新的词叫'1%'？"

杨密说："我听说了，在金融危机的时候，很多人抗议，希望把华尔街那1%的人抓起来，老师你觉得他们违法吗？"

我回答："当然他们不违法，如果违法，他们真的就被抓起来了。但是他们又为什么过得好呢？是因为他们在金钱世界活得明白，他们明白金钱法则，知道怎么应用它，创造设计它。他们用这些法则维护着全世界的金融秩序，管理着世界金融的运行和体量。他们还用金融这种资源，把其他的资源，包括土地、人力、劳动、智力、技术，甚至人的欲望都纳入了这个资源调配的范畴。"

杨密："老师，我知道了，世界上分两种人，一种是明白人，一种是不明白的人。在金钱、财富游戏规则上明白的人，可能是金融界的大亨、企业界的富人，或经济学家和政府财政资源的管理者，他们是少数人，但这批人中也有很多人不幸福，或者身心疲惫。"杨密看着我。

我说："是的，那是因为明白金钱规则的人群中还有很多人并不明白生活、人性，不明白自己和社会的关系。做一个彻底明白的人是很不容易的，特别是在今天，这个话题我们以后再说，你先分清在金钱世界中的两种人，明白人与不明白的人。"

"好的，老师，我努力分清。"杨密回答道。

"你一定要知道我们生活在金钱的世界，每个人都只有两种选择：成为金钱世界的少数人和金钱世界的多数人。

| Unware | Aware |
| 不明白的人 | 明白的人 |

"多数人在左边的象限，少数人在右边的象限，正如二八法则，全世界的贫富分化将越来越悬殊。有一本书叫《超级精英》，作者说世界上6000人统治着60亿人。虽然2008年的金融危机已经过去了这么多年，但当时围住华尔街抗议的浪潮从华尔街一直延伸到了东京、伦敦、香港，都表达了对1%人群的抗议，认为他们在设计、陷害、欺骗99%的人，他们是罪人，他们应该被抓起来，美国有一个著名的导演曾做了一个抗议纪录片。

"但是，这1%的人是合法的，他们在多数人的抗议声中，依然过着光鲜的日子，过着快速挣钱的生活，当然他们之间也会有竞争，不管怎样，财富是越来越集中在这些少数人手里。"

少数人支配大部分的财富

杨密问："那为什么少数人可以支配大部分的财富？"

我反问道："你认为是为什么呢？难道大部分人不知道金钱可爱吗？不想购买更多东西吗？不想过更富裕的日子吗？不想因为富裕让别人羡慕，因为贫穷而让人看不起吗？换句话说，为什么所有的人都希望拥有更多的财富，过更宽裕的物质生活？但只有少数人能够得到它、拥有它？我问你，如果说左边象限的人都想到右边象限去,这是对的吗?"

杨密不停地点头:"是。"

杨密着急地又问道:"为什么少数在右边象限的人支配着大部分左边象限的人?他们有什么灵丹妙药?还是他们命好?"我回答道:"看来你是个典型的左边象限的人,你着急的语调和你刚才的问题,就说明你完完全全在左边象限,你让我看到了一只迷途的羔羊。"

杨密更急了:"我只是想知道答案,怎么我越问你,你越觉得我是在左边?难道我就不能去右边吗?你就不能直接告诉我,我怎么才能去右边吗?"

我平静地告诉他:"这就是你在左边的原因。为什么左边和右边的人有那么大的区别?这个区别我们可以说有很多很多方面,不管是生活方式,还是别人对他们的看法,但是简要地说就是因为左边象限的人是不明白的人,右边象限的人是明白人,这个早已告诉了你。"

杨密有些失望地看着我说:"你卖了半天的关子就是两个字?明白?那明白什么?"

"不要小看'明白'这两个字,我们常说一个人很幸福,很有成就,那就是说他把人生活得很明白,事情做得很明白,要达到这个境界,有的人需要修行一辈子,努力一辈子,有的人即使努力奋斗了一辈子还依然不明白,这是大多数人的状态。同样,关于金钱生活,我们也有明白的金钱生活和不明白的金钱生活,有一种每个人都具备的素质,我们把它叫作'财商',其高低是在金钱世界里区分左右象限人的依据。但是大部分人并不知道自己拥有财商,更谈不上使用财商这种素质。"

"财商？"杨密很好奇地问道："它是什么？我还是没有听懂。"

什么是财商？

"财商就是一个人与金钱打交道的能力，包括三个部分：第一是人，也就是你自己；第二是钱；第三是打交道，就是你处理资源、财富、金钱的方式方法。要明白这三部分，同时要把自己的财商用起来，说起来容易，但做起来难。"

"在我们进行财商教育这么多年当中，很多人虽然知道了财商，也多多少少接受了一些财商教育，但他们依然改变不了自己身处左边象限的状态，因为'明白'是很难的事。

"首先要明白你自己，然后你还要明白金钱的规律，最后要找到一个明白的、适合自己的和金钱打交道的方式方法，不管是打工还是做生意，不管是创建公司还是理财、炒股，等等。右边象限的人是一个金钱生活明白的人，他们了解自己，他们知道自己要什么，自己是谁，要多少钱合适，钱和自己是一个什么样的关系，他们也明白钱是什么，钱有什么秉性、脾气、规律，更知道根据自己的个性、特点、气质、天赋、能力，如何匹配一个和金钱打交道的最佳方式，这是右边象限的人能做到的。

"右边象限的人不仅明白这个，他们还明白大部分人在左边象限，明白这个世界上的金钱游戏是由少数人在制定规则，大部分人只是在消费。所以他们不仅明白自己的财商和使用财商，而且不断提高自己的财商，他们知道财商的用武之地，不仅仅是在右边象限，更主要的是在左边象限。

"为什么当你问我的时候，我就看出你一直待在左边象限，因为你的表现特征是典型的左边象限特征，着急、冲动、不思考，更不知道自己有没有财商，不明白自己也不明白钱，也不明白自己和金钱打交道的方式方法，妄下结论，急于行动。

"我要告诉你的是，在金钱世界里，我们只有两个选择，就是当一个明白的人和当一个不明白的人。左边的人常常被右边的人设计的生活方式和环境影响，让自己从出生时可爱的人、'富有'的人，逐步变成自认为的穷人、不可爱的人、命苦的人、需要被人管理的人等，成了右边象限人认为的市场元素。不明白自己有财商，不明白自己可以去使用财商。"

杨密沉默了十几秒钟，抬起头来，好像有点触动地看着我问道："那老师你说，四个象限又是指的什么呢？现在你只说了左边和右边的象限，我还想知道在左边的人还分成哪两个象限？右边的人还分成哪两个象限？"

我说："在金钱世界里我们所分的明白的人和不明白的人这两种人还有两种选择，一种是折腾的人，一种是不折腾的人。在四个象限中上面象限的是折腾的人，下面象限的是不折腾的、安静的人。"

Busy
折腾的人

―――――――――――――

Quiet
不折腾的人

金钱生活四象限之 UB 象限

"金钱生活四象限的左上象限是不明白又折腾的人,用英文字母表示就是 UB,翻译过来在中文里有一个特别贴近的词叫作"瞎忙",U(Unware)是不明白、糊涂,B(Busy)是忙,所以叫"UB"。

"在西方这个象限的人的比例没有中国目前这么大,因为中国经过了几十年快速的变化,整个社会从土地到空气都比较浮躁和折腾,很多人都在忙着改变、忙着折腾,甚至往哪改、往哪变,怎么折、怎么腾都没搞清楚,就在折腾了,这种人很多。像你父亲身边很多做生意的朋友都属于这种人,也包括大城市里一些每天挤着地铁,跑东跑西做事情的人,他们经常说人在江湖身不由己,觉得自己一旦不折腾、不忙碌,似乎生活便没着落、便被别人看不起,或者甚至说他自己也刹不住车,折腾惯了,不折腾在家里坐个半天,就感觉心慌,折腾变成他们的习惯。但是很多的折腾又是没有效率的折腾,一年下来算个账,不仅没挣到钱甚至还亏了钱。

这部分人的比例在中国更多。因为现在还有很多离开了农村土地的农民工，也加入了这个折腾的行列。不仅仅是做买卖的人，辞职下海的人，所谓创业创新的人，都属于这一类人群。"

金钱生活四象限之 UQ 象限

在左下象限是不明白但安静的人，用英文表示就是"UQ"（Unware Quiet），这部分人群他们不明白自己的金钱生活，也没认真反思过他们的金钱生活，他们把自己埋在大部分人群中，大部分人吃什么跟着吃什么，大部分人穿什么跟着穿什么，大部分人流行什么跟着流行什么，他们在自己有限的范围内攀比盲从，获得了最大的自我满足，就是安全感，躲在人群中，似乎最没有危险。

不管发生什么变化，他们都会说大部分人都这样，我为什么不能这样？要出事也是大部分人的事。总之他们潜意识里的恐惧和不安全感，需要在人群中消弭。左上象限的人因为恐惧和不安全感，所以他们要被迫自己去折腾，左下象限的人是因为恐惧和不安全感，所以他们躲在人群里，放纵自己的懒惰和恐惧，寄生于大众的喜怒哀乐，所谓的"与民同苦乐"，但却是不明白的。大部分人吃绿豆他们就吃绿豆，大部分人去新马泰旅游他们就去新马泰旅游，大部分人急着去买房他们就去买房，大部分人去炒股他们就去炒股，当然一定是在股市很高的时候，房市很疯的时候。

当然，这部分人也有他们的幸福、快乐、安逸，但是他们的幸福、快乐经常会显得比较脆弱和定力不够，也就是说当外界信息一来，特别是在今天这个信息发达、交通便利的时代，同学一聚会、老乡一聚会，遇上某一个人显摆，做一些名堂，他们自己就守不住这份平衡了。

表面看 UQ 象限的人，他们比较安于现状、平衡，普通老百姓的小日子过得很踏实，但是，今天一切都在浮躁起来，流动起来，这是个土地、空气、植物、吃的、穿的、用的、国内国外的物品和信息都在流动起来的时代，所以他们这种小平衡容易被打破，遇到这种心理失衡时，他们或者用更加麻木的手段来让自己继续陷入不明白的大众人群，或者是发一顿牢骚埋怨一阵又重新恢复到原状。他们或者屈服于人性中懒惰和怕变化的一面，或者屈服于世俗的约定，历史所形成的社会价值观、伦理观、道德观、为人处世的各种准则，世故人情的各种说法，等等。其中有些已有几千年的根基，即所谓的文化。

当有一定强度的伤心事发生后，他们有些人可能就会皈依宗教，去寻找精神世界的安慰和平衡，给自己找一条退路。不管怎样，这部分人群在全世界现在都是占主要比例的人群，特别是在西方的一些发达国家，因为这种人认为自己只要遵纪守法，是这个国家的公民，这个国家就应该有相应的福利来保障自己。当一个普通大众是一个幸福且舒服的生活方式。他们有时间就去旅游，有条件就改善一下生活，这就是他们想要的，他们不追求更多的。所以，这也是为什么西方国家的民众对宗教的信仰，近些年一直都有上升的趋势。

但是，这种大众生活的平衡、小日子生活的安逸，在全球范围内，被越来越喜欢折腾的中国人所打扰了、破坏了。以前只有美国人在全球折腾，现在除了美国人，中国人、印度人、阿拉伯人也开始活跃起来，开始折腾起来。

UQ象限人群在中国是最主要的人群，他们多是上班族、自由职业者，等等。

讲到这里我问杨密："你觉得自己在左上象限还是在左下象限？"

杨密说："我当然希望自己在右边象限，不是老师你说的左边象限，但是老师为什么你觉得我像左边象限的人呢？"

我说："你现在就是彻头彻尾的左边象限的人，你想的、说的、做的，都暴露了你是在左边象限。你不仅有UB象限的痕迹，更主要的还有UQ象限的特征，比如你现在想创业就是个例子，好在你父亲还能出个几十万支持你，要是你父亲没有这个条件，你怎么办？你不知道市场里任何事情都有成本、有风险吗？你说要证明给南希看，瞧瞧你这点出息，这个动机也只能证明你是在左边象限的人。"

杨密非常生气："我才不仅仅是为了她，我也想成为一个成功的人，请教老师，右边象限到底又分成哪两个象限？"

金钱生活四象限之 AB 象限

"好，我们现在来谈谈右边的象限。既然你这么想知道右边是什么，那我就来告诉你，右上象限的人是明白的在折腾的人，英文是'Aware Busy'，缩写为'AB'。表面上看这部分人，与左上象限折腾的人相似，但是这个象限的人因为他们明白自己、明白金钱、明白与金钱打交道的方式，他们明白自己是天生富有的人，是有财商的人，明白如何训练自己的财商、使用自己的财商。所以，他们的折腾，是在他们掌控之中，是在理性与自信之中。而且他们在不断地挑战自己已经获得的成就，不断打破又不断创新。

"当然，这群人当中，只有极少数人通过这种明白和折腾，不断挑战自己的财富极限、创新能力、生活方式等，修身养性，让自己悟出自己和世界的真相，追求人生中各种事物的意义，包括财富的意义，并且这个自由奋斗的过程就是这极少部分人的人生追求和写照。

"而当他们不把这个过程当成自己人生必须要做的事情时，那他们又会坠落到左边象限。中国人讲的富不过三代，就是这个道理。只有他们明白了自己一生的奋斗、转变、挑战，是在舍弃，是在付出，所谓'天生我材必有用，千金散尽还复来'，他们才会明白财富的本质是什么，金钱的本质是什么。所以，他们绝不会在一城一池上纠结、斤斤计较、懦弱和缺乏勇气。这部分人很少，只占全球人数的很小一部分。当他们获得巨大的财富以后，他们会以他们理解财富的方式，将财富再回馈到社会大众，完成财富的华丽转变，也完成他们人生的最高追求。

"也就是说他们在这个过程中已经达到了从心所欲而不逾矩，孔子一生也在做这个事，只是所用的方式不同。孔子采用的是教育人和操心天下事的方式。

"中国文化讲的求己之学，就是说《大学》八条目中的格物、致知、诚意、正心、修身、齐家、治国、平天下，这些过程都是为了让自己最后从心所欲而不逾矩，这些过程都是在不断地折腾、挑战，但是这种折腾和挑战是明白自己在干什么，从三十而立到四十不惑到五十知天命，都是在越来越明白，越来越敢于去挑战、敢于去放弃。"

杨密似乎看到了右上象限人的光辉，显得有点困惑，有些兴奋，他觉得自己似乎应该向这个象限努力，这才是人生，这才是他想要的。但是，他现在没把握自己是不是能够走到那儿去，也不知道怎么走到那儿去。对老师的课，从开始的抵触、反感到慢慢地接受，开始进入状态，去倾听老师讲接下来的内容。"那么，老师，右下象限又是什么呢？"杨密问道。

金钱生活四象限之 AQ 象限

我知道杨密开始发生变化，平静地告诉杨密："在右边下面象限的人，用英文缩写是'AQ'（Aware Quiet）。他们表面上看是很平静地生活，甚至是过很普通的生活，与左下 UQ 象限部分的人有相似的地方，他们吃的是粗茶淡饭，做的是普通的上班下班之事或者是生意之事，外人看他们很普通，但是，久久地观察以后会觉得他们不普通，就像大海，远看大海是如此的安详、平静、湛蓝、宽阔，但实际上大海一样有它的波、浪、涌、涛，但是波、浪、涌、涛又如此自然地和谐着他们点点滴滴的生活。所以，这部分人是有很高境界的人，但又做着很普通的事情，所谓'不离日用常行内，直到先天未画前'，中国文化讲的极高明的道理，完美地体现在他们那里。"

杨密听到这，觉得这部分人特别让他想到了那些修行很高的人，他们穿着干净的布衣，他们的呼吸、他们的举止、他们的微笑、他们的眉目都透着一股天地之气、灵异之气，让人感觉很舒服，他们出现在任何场合都会让人感觉一种温暖、平衡、力量和安详的氛围。他知道要走到这一步需要修行、造化和阅历，显然目前这个象限的人群对杨密这样的年轻人，只有距离之外的美和欣赏，他做不到也不想马上变成这样的人，他还有很多情感的事、酸甜苦辣的事、喜怒哀乐的事，甚至虚荣攀比之事还没经历，所以他还想有体验地经历这些，让自己的人生丰富以后再回到这样的简单、这样的平静和安详。

咖啡馆出奇地安静了一会儿，两人都没讲话，服务员的脚步声和邻座喝水的声音听得更清楚了。

又过了一会儿，杨密若有所思地问我："AQ象限的人肯定不是今天这个世界崇尚的主流，大家都倡导对个人的人权和私欲保护，崇尚理性竞争带来的成就。"

我回答："是的，经济学的十大原理就有讲理性人的假设，而每个人每天都必须权衡取舍，选择是要考量成本的，即获取与放弃的均衡，还要考虑边际成本，并认为自私的人会对激励产生反应。"

第一课　金钱生活的四象限

> 经济学十大原理（涉及个人决策的有前四个）：
> 一、人们面临权衡取舍。
> 二、获取某种东西的成本是为了得到它而放弃的东西。
> 三、理性人考虑边际量。
> 四、人们会对激励作出反应。

"西方的理论确实已经让西方和世界受益了，但世界在变化，曾经落后的东方的一些财富之道正在对世界产生作用，财富的相对性正在形成，还有人性中、自然界中的'黑天鹅事件'，即不确定性和不可知性。这是生活的更高层意义，也是东方哲学的价值，西方在遇到重大危机后，才可能悟到这一点，不过我们作为东方人，已有这个基因了。今天先不展开这些，这是 AQ 象限的特质。"

自己去选择，这是你的权利

最后，我对金钱生活四象限做了个总结，按照对金钱是否明白来进行划分，人类可分为不明白的人（U 类）和明白的人（A 类），即左边象限的人和右边象限的人——U 类和 A 类。

按照在金钱生活中的行为举止来划分，可分为折腾的人（B 类）和不折腾的人（Q 类），即在上面象限的人和下面象限的人——B 类和 Q 类。

人类文明在不断地进步，每一象限又有不同的分工，而按照经济学创始人亚当·斯密的观点，每一次社会分工都会带来巨大的财富，而财富又促使社会进一步的分工与进步。中国的儒家文化也对社会进行了分工，劳力者与劳心者，各种礼仪秩序、纲常伦理、社会等级，等等。分工的教育可以带来社会稳定，所谓"在其位谋其政"，西方的现代平等制度、财产制度，是近代经过无数次革命才换来的，但随着市场与资本的繁荣，新的等级分工又在全球形成，1%与99%的巨大区别开始出现，即全球基尼系数的大幅提高，财富的两极分化更加鲜明。

每个人可以不知道、不明白而安于现状，但每个人都应有权利明白这一点，即当一个不明白（糊涂）、左边象限的人，或者一个奋斗、明白、右边象限的人，应明白左右划分的真相。

我接着说："四个象限现在你都知道了，每个象限都有对人、对己、对钱、对与钱打交道的不同看法、特征和结果，无论是在UB象限瞎忙的人还是在AQ象限明白而平和的人，每个象限的人都在处理着自己的金钱生活，他们也是消费者，他们同样面临着每天的选择，他们同样面临着自己有限的钱财和资源，自己有限的时间、空间和精力，做着取舍、安排。但同样，由于他们明白程度的不同：折腾方式的不同，因此就导致了他们最后不同的结果。那么你现在有没有想好自己应该归属哪个象限？"

有些激动的杨密脱口而出："当然我希望自己是在AB象限，是一个既能明白自己的财商，又能知道怎样去使用和驾驭它的人，这样的人很成功很有范儿，是财富时代的英雄。至于说右下象限的人，那确实让我尊敬向往，我也好奇他们是怎么在跟金钱打交道的，他们看起来有点不食人间烟火，他们会跟人家讨价还价吗？他

第一课　金钱生活的四象限

们会占便宜吗？他们会攀比吗？"

我微笑着回答："很高兴你选择了自己的象限，但是老师告诉你，对于目前的你来说，你走到那儿的概率很低。为什么，因为你学了很多知识，受了很多教育，其中很大一部分不仅没用，反而还把你的大脑给塞满了，自以为是，以为接受的教育就是名校教育，但它们的价值正从高点开始下跌，这就是真相。你要忘掉这些很难，这些教育带来的行为习惯大部分是在左边象限，并把你的真实动机也以知识的名义给夭折了。"

讲到这，杨密很诧异我这样评价世界上的名校，而那是他身边所有人从幼儿园、小学、中学到大学都追求的，我却认为这可能是他待在左边象限的根源。

我接着说："看出了你在怀疑老师的观点，但这是真的，没看见少数人会退学吗？"

"乔布斯！"杨密接过话。

"因为教育主要是为稳定的社会分工合作服务的，把荀子认为人性恶的人教育成安分守己的人，把霍布斯认为本来是战争状态的野蛮人，教育成文明人、好管理的人，也就是左边象限的人。

"还包括你看到的很多商学院的东西、教条的东西，都对你有深刻影响，还有那些所谓的成功人士、BAT 等，对你都有不良影响，你要忘掉这些，不能去模仿，要让你自己鲜活起来，富有起来，这是很难的，这就是为什么老师要很现实地告诉你去找一份工作的原因了。

"至于说 AQ 象限的人，AB 象限的人，他们怎样生活，怎样和钱打交道，以后我们再讨论。"

25

杨密心里还是有些不服，他不明白我为什么认为他就走不到右边去，特别是不能成为 AB 象限的财富英雄。他很想知道答案。这次他知道了，不会像上次一样很轻蔑地去揣测老师或者是反对老师，这次我一定有锦囊妙计来解答他的问题，让他知道如何走向右边的象限。

杨密马上问我："那我们下一次课什么时候上？"

我说："两个星期以后。"

杨密心里很期待着下一课："为什么我不能从左边到右边？为什么我有这么好的理想和激情，有用不完的青春使不完的劲，还有我父亲几十万的先期投资，为什么我就不能做成自己的事业？想当初马云、乔布斯他们也是很少的钱就能成功，为什么我不能像他们那样？"他急于想知道这些答案，他也很好奇我怎么来回答他。他决定下一次上课的时候，叫上他喜欢的南希。南希经历的财富事情比他多，看看她会怎么看待我和我的财商教育。南希的父亲应该很有财商。

第二课

改变是很难的事

改　变

两周后的一天上午，西安，终南山草堂，杨密和南希坐到了我的面前。

杨密说："我跟南希说了您跟我说的那些话，她也很有兴趣。老师，第一课后我特别想知道，为什么大部分人都想去右边的象限，成为少数人，最后却没有成为少数人，都还在左边；为什么UB象限有那么多喜欢折腾的人，他们也没能折腾出一个结果，没有改变？"

"好，"我马上接过话题："你说到一个关键的词。"

"什么关键词？"南希很好奇地说。

"改变，这就是大多数人小时候可能有梦想到右边象限，后来不知不觉就在左边象限一直待下去的原因，到老都不是一个明白的人，或者是一个自以为明白了的人。他们为什么没有能够到右边去呢？答案就是两个字：改变。

"也就是说大部分人有了困惑，有了'穷'，就想改变，想要一个明白的答案。想到右边去，但是他们改变不了，改变不了自己的行为习惯、生活动机，改变不了自己面对生活中的各种酸甜苦辣、喜怒哀乐的选择，还有世俗道德价值观等。"

改变真的很难吗？

这个时候我取过杯子放在他们俩桌子上，我先是把一只杯子倒满了水，放在了杨密面前，然后拿起旁边的水壶又给杨密倒水，杨密说："老师我这是满的，不用倒了。"

我没有管他继续往里倒水，结果水全部溢出来了。我问杨密："这说明了什么？"

杨密说："很简单，因为杯子里的水是满的，你倒不进来。"

我就告诉杨密和南希："知道老师为什么说你们只能在左边象限待着而不能去右边象限吗？"

沉默了30秒钟后，杨密有点恍然大悟："你是说我们俩现在都太满了吗？都太自以为是了吗？我着急创业证明自己，南希由于家族很富有，她当然已经很满了。所以老师你再往里面倒水的时候，我们似乎都听不进去。"

然后我拿起杨密的水杯，把里面的水倒掉，再放在桌子上，重新给杨密倒上水："现在倒进去了，知道为什么吗？"

杨密说："老师我知道了，是因为我杯子空了。"

我问他："为什么空了？"

他说："倒出去了。"

第二课　改变是很难的事

"为什么倒出去？"我接着说，"那就是两个字：付出。换句话说，你们想从左边象限到右边象限，你们想好付出什么了吗？如果你们没有想好付出什么，还是一副自满的样子，老师说什么你们都认为你们知道，恨不得老师现在就告诉你们北京的西南角有个金矿，每个人立刻就可以获得巨大的财富。"

"你们想从左边到右边，但你们现在仍然在左边，那就说明你们身上有很多东西，阻碍着你们去右边。这些东西是什么？你们要果断地、勇敢地放弃或者是付出。也就是说你们准备付出，你们才有资格跟老师来谈，你们想改变什么，想得到什么。如果你们没有勇气去对以前的东西进行改变，你们就想到右边象限去，想成为富有的人，想成为自我实现的人，那只能是空谈，那只能是镜中花、水中月。"

杨密有些激动地说："老师你认为我们一点儿都不想付出吗？我不已经开始付出了吗？钱和时间，还要付出什么呢，我们才能得到，才能让自己把左边象限那些不好的东西抛掉？这些不好的东西阻碍我们明白财富规律，阻碍我们变成右边象限的人，它们的特征是什么？右边象限能让我们驾驭自己的命运，支配大部分社会资源的特质又是什么呢？老师你快告诉我们吧。"

我平静地跟他们俩说："你看看你们俩左边象限的特征又出来了——着急。罗马是一天修起来的吗？"

南希说："老师，你就说让我们付出什么？让我们掏学费吗？告诉我们要付出什么、改变什么才能到右边象限？还是让我们给你打工？拜你为师？"

我笑了："看你们两个年轻人，这也是你们可爱的地方，你们身上这种青春的朝气、活力、不服输的精神也深深地吸引着老师，但是你们着急的这些特征不折不扣地表现出你们是左边象限的人，在不明白的情况下就喜欢折腾、瞎折腾，或者说跟大众一样希望快速致富、希望走捷径、希望占便宜、希望拥有更多，你们才觉得人生安全、有成就，这些东西都是左边象限人的特征，如果这些东西你们没有勇气去改变它、舍弃它，你们的杯子怎么能装得下右边象限的水呢？"

我接着说："要想改变，先要明白财商。那财商又是什么呢？就是一个人与金钱打交道的能力，主要是表现在三个方面……"

我停顿了一下，喝了一口水，杨密很着急："老师快告诉我们，我们要从哪三个方面去舍弃、去付出、去改变？"

创富的三大法则：M、B、W

"在每个人的金钱生活里，要成为一个明白人，就必须在三个方面跟别人不一样，或者是说你的财商主要表现在这三个方面：一是获取金钱财富的动机，英文中的'Motivation'，简称'M'。二是获取金钱和财富的行为习惯，就是英文中的'Behavior'，简称'B'。三是获取金钱财富的方式方法，就是英文里的'Ways'，简称'W'。三大要素简称'MBW'。要明白每个人的能力、资源都是非常有限的，所以我们在有限的交互世界里，需要用科学的、理性的方法找到最佳的组合。"

第二课　改变是很难的事

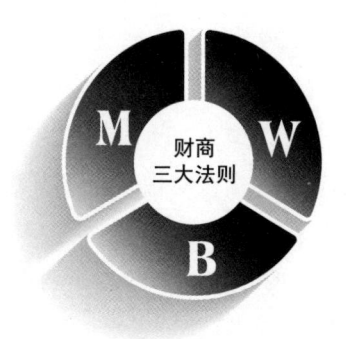

财商
三大法则
M W B

"就像一幅画，它的比例不协调就不好看，你们俩一个是帅哥一个是美女，那是因为你们五官长得很协调，就像黄金分割一样，而且你们也很会打扮。如果你们五官比例长得不协调，又不会打扮，那自然而然就不会有这么高的颜值和回头率。所以老师很愿意看着你们，给你们上课。

"同样，因为我们每个人的能力是有限的，所以这种有限的资源我们怎么配置，应该有什么样的比例、秩序？这就是经济学、金融学。我们怎样用好自己的身体、思想、自己的资源、时间、体力等，让自己获得有比例的、协调的自我实现的生活方式呢？给你们布置一项作业，你们可以去想一想，或者你们去观察一下，左边象限的人，他们的MBW，是什么样的？

"换句话说每个人都有自己的MBW，由于不知道或者不明白，所以这个MBW就被尘封了、变形了，或者被右边少数的人拿去利用了，成了右边人所设计的棋子、赚钱的工具或消费的机器。你们想一想，右边人的MBW有什么特征？它们与左边象限人的MBW有什么不同？

"左右象限区别的本质又是什么?你们今天知道了一点皮毛,老师给你们打开了'潘多拉的盒子',老师觉得可能对你们也是一次真正的挑战,这可能跟你们看的书本上的东西不一样,跟学校老师教你们的,甚至父母教你们的不一样,这个世界就是这样,这就是真实。

"这个世界由 1% 的人管理 99% 的人,就是因为左右象限的人各自有不同的 MBW,所以导致了差别。而且老师也告诉过你们,如果说你们要改变你们的 MBW,从左边到右边,就像你们面前的杯子一样,需要把水倒掉才能装进新的水,要知道这个倒掉的过程是很痛苦的,有时可能是会撕心裂肺的,所以你们有没有这样的勇气?有没有准备好?就要看你们自己了。

"而且,要相信一句话,任何人,包括老师我,都无法改变你们,只有你们自己改变自己。

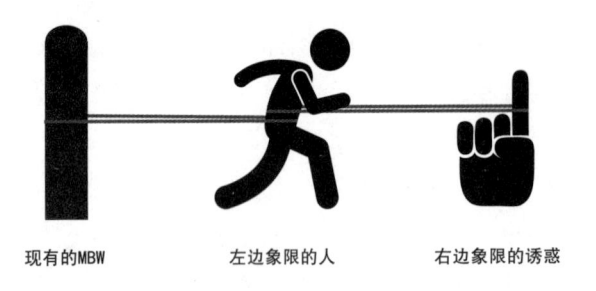

现有的MBW　　　左边象限的人　　　右边象限的诱惑

"老师刚才很容易地把你们面前的水倒掉了,但是老师真的要倒掉你们的 MBW 那是很难的事情,而且左边象限的人会更加依赖、依附于他们目前的 MBW。至于说你们想知道 MBW 到底具体是什么,怎样才能让自己的 MBW 脱胎换骨,焕然一新,或者是向明白的方向走,那是我们从第三课开始讲的事情。今天就上到这里。"

杨密陷入了沉思,他模糊感觉到了,改变一个人很难,因为我们读的书、受的教育、所处的环境还有某些理论对我们的引导,让我们越陷越深,不明白了。

杨密也隐约感到一种恐惧,那就是老师说的给他打开了潘多拉的盒子,让他看到了社会秩序的真相,看到了自己还不得不做出选择,也知道了左边象限的巨大磁场、力量,可以把大部分人,甚至右边象限的人拉回去,真是可怕。

而反抗这一切又需要大的勇气、大的智慧。

在财富的获取与管理上,同样是这个道理,神奇的MBW,听起来易懂,但要真正体会到左右象限人的MBW的区别,又是很难的,不管怎样,老师这一课,让他很有收获,他也很想倒掉自己杯子里的MBW,但是具体是什么,他不知道,老师也说了没人可以帮助自己,必须自己给自己动手术,找办法。新杯子装什么MBW,他也不清楚,他感觉到了孤独,需要环境、需要力量。他还隐约感觉到这正是老师选择在终南山上这堂课的原因。

南希听了半天,半懂不懂,因为她的水杯太满了,而且她开始觉得老师有点玄,对MBW和财商也还有一些怀疑,怀疑这是不是忽悠人的?而且左右象限的差别,MBW到底是什么?她觉得此刻自己内心有很多疑问,当然她也很好奇,想看看老师接下来怎么讲。

第三课

创富动机 M

贫穷——最朴素的创富动机

一周后,南希和杨密赶到甘肃天水的一个学校,听我讲了一堂财商课。听完以后,南希、杨密和一位老家在甘肃的同学张元与我在天水一个镇上的茶馆见面了。

落座后,杨密着急地说:"老师,我很想知道 MBW 的第一个要素——创富动机,我应该怎么转变和获得?"

我说:"知道你比较着急。"

南希倒是不急不慌,觉得到天水来看一看也挺好,天水这个地方有久负盛名的天水麦积山石窟,与龙门石窟、云冈石窟、莫高窟并称中国四大石窟。所以,南希也问我:"老师,你是不是也看天水麦积山石窟来了?"

我说:"是啊,我也是想过来看看,这里的相关部门让我来做一次财商教育的讲座。我也早已仰慕天水麦积山石窟的盛名,一直没机会来;还有一个任务就是到这里来给你们上第三堂课——什么是创富动机,以及四个象限的人的创富动机在哪里,怎么培养自己的动机。不过你们先不要着急,我们先到古镇上转转。"

南希和杨密也很好奇,所以几个人一起在小镇上转了一圈。转完一圈以后,不知不觉就到了中午。南希主动请我吃饭,要我选个好地方。我在小镇最热闹的一条街上找了一家餐馆。南希一看菜谱就说,这里的菜怎么这么便宜?

"老师,我要请你吃好吃的,能不能再找一个好一点的餐馆?"

我说:"这个镇上的餐馆都是这样。"

不论是餐馆的装修,还是菜品,都让南希有一种很"Low"的感觉。

我就问："你们觉得生在这里、长在这里的人，他们就不想过更好的日子？他们就不想到右边象限去吗？你们昨天已经看到了这里的孩子对金钱的率真表情。"张元瞪眼看了一下我，估计心想："当然想了，不然我为什么努力考到北京去上学，改变命运呢？"南希与杨密则会心地笑了笑。

我说："这里的孩子可能比你们还有更好的创富动机，你们生活在优越的环境里，钱有什么用？除了买东西、享受、虚荣，还真不知道你们对这个问题会怎么想。而这里的孩子就不同了，他们注定都只能在这个物资匮乏、生活单调的地方生活一辈子吗？看看餐馆里面，大部分人也都有手机，他们也能上网，也能从图片上看到外面的世界，看到北京发生的变化甚至海外发生的变化。顺便问一句，你们到欧美发达国家走过没有？"

南希马上抢过回答："我去过，去过好多国家。"

"那些地方很美吗？"

她说："我去英国的时候，从英国伦敦开车往爱尔兰走的路上，或者是在法国南部的时候，路上的风景都很漂亮，古老的教堂、小镇咖啡吧、剧院、歌舞广场，等等。那也是他们的农村，为什么与我们有这么大的差别？"

张元心想，我们这里也有四方广场和老戏台子，但确实让我们喜欢不起来，为什么？

我接过话题："差别，有什么差别？"

杨密接着说："贫富的差距。那边的人过得从容、不慌、自信，咱们这个地方的人，看得出来，这个小镇上的人也匆匆忙忙，还有南希不断提到的厕所，生活环境差强人意。"在路上他们曾去了一次公共厕所，几乎让南希不能容忍。

"你们刚才点菜的时候，发现这里和国外城市有什么大的差别？"我问。

南希也说是贫富的差别。

张元心想难道富有可以让历史文化焕发新的魅力吗？

"昨天你们在听我上课的时候，我再次说到财商是一个人与钱打交道的能力，就是人要与钱打交道，怎么才能做得更好。问孩子们有没有兴趣，你们看孩子们都有兴趣。那是小学二年级的孩子，他们都怀揣着梦想，有改变自己命运的想法，你们知道吗？北京那个SOHO的老板就是从这里走出去的，他曾经就是甘肃贫困山区的一个普通孩子。"

我一边吃饭一边问南希和杨密："你们看到了孩子，也看到了小镇中很多人很忙碌，而且你们也说出了这里和其他地方的差异，你们从中看出了什么呢？"

同学们低着头，想了一会儿，杨密说："你是希望我们做些什么让这里发生改变吗？那我们为什么要让这里发生改变呢？"

南希在旁边说："老师，我们做什么呢？我们又能得到什么？他们这里发生改变跟我们有关系吗？"

我说："南希，你不是也渴望到天水看一看吗？张元，你家乡很美，很有历史文化。这个地方不仅有石窟，还出美女，风景也不错，天水离四川的九寨沟很近，还有熊猫基地，有这么好的资源，为什么这里还很穷苦？你们知道局长请我去给孩子们讲财商，就是因为他们想改变，小镇上的人们很匆忙也是想改变，虽然改变的效率很低，你们也看到这里的物价很低，这里产的好吃的核桃等价格也很低，这里应该是富有的，这里正在进行改变。"

张元说："这是我的家乡。老师您说怎么改变这里的贫穷？我承认改变贫穷是我要去奋斗的主要动机。"

南希说："这边的孩子让我心疼，你看那么乖巧的小孩在那卖红薯，手都冻僵了，想帮他做点什么。也看到学校的教室那么简陋。"

我会心一笑："实际上你们已经在改变了，知道我们这一课叫什么？"

杨密马上答道："创富动机！"

"对，换句话说，你们没有从这种贫富差距当中看到自己的动机吗？"

"当然，"南希说："前提是我要喜欢这个地方，愿意为它付出。"

我说："这就是动机。如果一个人的动机足够强大，这个强大的动机就能把他推到右边象限，然后他通过不断地挑战自己、挑战各种环境、挑战各种身心的东西，最后在右边象限获得他的成功。当然他已经远远超过了个人的成功。"

"老师，"杨密和张元显然来了精神，"我们也看到这种变化，我们也想做点事情，来消除这些贫苦，而且这些地方风景很美，既然九寨沟能让当地的村民、牧民生活得到极大的改善，财富也得到了极大的积累，那这里为什么不行呢？老师，我们做这些事情的时候，是不是也有极大的商机？"张元问道。

我说："你说得太对了，如果你们参与进来加入中国的城镇化

第三课 创富动机 M

的进程，这里是中国下一个经济转型期的一片'蓝海'。这里的人也希望得到有品质的生活，包括医疗、包括教育，这里有巨大的发展需求，一方面这是发展的空间，另一方面也是你们年轻人实现自己价值的平台，你们可以去改善它。当然，老师希望带你们来看到这些人的衣食住行，看到他们为生活而奔波，看到这里的孩子们也拥有美好梦想的时候，希望能对你们建立创富动机有触动，并告诉你们左边象限的人和右边象限的人的动机与不同点。现在我们具体讨论和分析一下四个象限人不同动机的表现，然后看看你们自己在哪个象限，准备去哪个象限。"

UB 象限人的 M

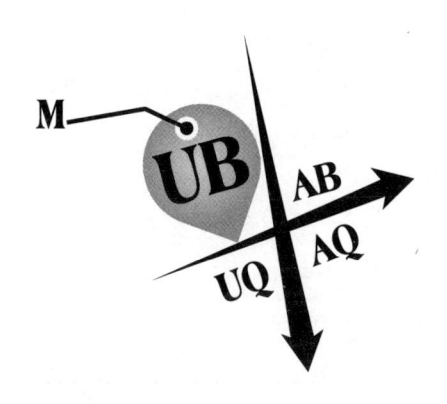

"UB 象限属于不明白但忙碌的人。这部分人他们自以为清楚在干什么和为什么干的动机。杨密，你父亲就属于这个象限，他做着自己的生意，每天都在外面忙，不停应酬，虽然也获得了一些财富,但是付出了巨大的身体代价。你爸年轻的时候是个理想主义者。20世纪80年代我们上大学,经常是喝了酒以后大家畅谈未来,踌躇满志,拼命读书,改变自己也想改变世界。

"后来他似乎找到了现实的动机,就是说让你妈妈和你能够有房子、有车子,为了这个,他下海创办公司,拼命忙碌。马斯洛说的人类需求动机有五个层次,第一个是生存的需要,第二个是安全的需要,第三个是爱和归宿的需要,第四个层次是尊严的需要,第五个层次是自我实现的需要。我把马斯洛的这五个需要都定义为人在有限交互世界里的需要,即有限需要。换句话说,人第一需求要满足自己的有限需要。

"在UB象限的人,像你父亲,也许在他很早之前,除了有有限需要,他还有无限需要,这个我们接下来再说。后来,由于创业创富的大潮,大家都忙着赚钱,他也从生存需要开始,匆忙涌入这个大潮。我年轻时候也是一样,希望先有个房子,可以居住,然后有安全需要,希望自己生病或者发生什么意外时能够及时处理,所以会做一些储蓄,买一些保险。"

杨密急切地打断了我:"老师,您跟我爸同学的时候,难道还有生存需要的问题吗?"

"当然了。你们这个年代没有过,但是我们那个年代就有生存和安全需要的动机。我那时经常在学校里借钱吃饭,然后等有了补助或者家里寄来了生活费又赶紧去还钱,还完钱又开始借钱,这就是马斯洛说的第一和第二需求层次的问题。"

"哦。"杨密说:"没想到你们当年那么艰苦。这样说我们幸运多了!"

张元显然不同意杨密的话，觉得自己还有很大的生存与安全需要。如果留在北京，买房买车很贵，租房也不便宜，这就是生活的压力。

我说："是。你现在虽然算幸运，吃穿住行都不发愁，生存需要、安全需要都没有问题，但是你们现在又处在为钱而工作、追求金钱的浮躁时代当中，很多人没有我们那个时候的其他动机，即第四和第五层次的被人尊重和自我实现的需求。换句话说，我们并没有完全按照马斯洛说的五个层次从低到高去实现我们不同层次的需要，那时候生存需要、安全需要还没有满足的时候，我们就已经有了自我实现的动机。你的父亲那时候也有这种动机，他曾经渴望成为一名作家。显然，这个在当时是解决不了他的生存和安全需要的，所以他放弃了，下海做生意，他的代价是放弃了他曾经的理想。

"UB象限的人，他们终日忙碌主要是为了生存、安全和被人认可，而这种动机在人的需求动机层次上处于较低层次。最后，当他们解决了生存与安全需求后，他们还在这个生态链上忙碌、折腾、疲惫、无奈，继续迷茫与困惑，生意也难再做大了，投入产出的效率也开始出问题，风险也随之而来。现在有很多中小企业在纷纷破产倒闭，这虽然与现在经济形势下滑有很大关系，大环境不好，随波逐流，但这也与没有自己的坚强的创富动机有关。

"生存需要和安全需要作为第一动机是无可厚非的，也可以激发人们奋斗的欲望、改变的欲望。讲到这里，老师要给你们讲讲，你们都知道中国在这几十年里创造了全球的经济奇迹，指的是什么吗？"

杨密认为自己学过经济学，也看了一些财经书，说："中国的GDP很多年都是以两位数的速度增长，所以中国这几十年当中很多贫困人口脱贫。改革开放初期，整个中国、整个民族有一个动机，一个集体的动机，那就是改变贫穷。20世纪70年代初，安徽小岗村的村民们强烈地想要改变他们的处境，因而大胆地进行了包产到户的家庭联产承包责任制，改革就从这里开始。也就是人们说的生存需要。鸦片战争后100多年的屈辱历史也证明了这一点，一个国家弱了，老百姓穷了，这是肯定不好的。"

"脱贫致富，把经济搞上去，邓小平的'发展就是硬道理'，一切以经济建设为中心的重大调整，让整个国家发生了巨大的变化，让很多人富裕起来。这是好的现象。但有很多人在没有自己动机的时候，也被裹挟在整个国家的变化过程当中，他们处在左边象限，不明白信息不对称、环境不平衡等问题。"

我说到这，南希想到了自己的父亲，她觉得自己的父亲实际上也是没有多少动机的。后来，因为被贫穷刺激，所以决心改变，这可能就是匮乏性动机。他抓准了中国改革开放的机会，特别是快速致富的一些机会，并快速富有起来。但是，南希也很担忧，不知道他的创富动机能让他的财富留住多久？

我接着问："如果UB象限的人是这个动机，你们分析一下，UQ象限的人是什么动机呢？"

UQ 象限人的 M

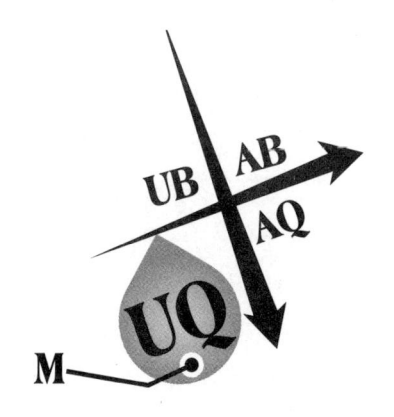

杨密说:"UQ 象限的人,他们可能就没有动机,或者说他们只有生存和安全需要的潜意识动机,所以,他们从小到大被教育的就是,好好上学,考个好大学,毕业后找份好工作,为了迎合社会上各种职业需求,还要考各种证书,很多都没用,最后再成个家,生孩子,再这样教育孩子,这是他们的行为准则。他们也像大多数人一样买保险,包括国家强制的五险一金和车险、房屋险等,还会做点理财产品,做点储蓄,让自己的安全不要出问题。我想 UQ 象限人的动机就在这里了。"

我反问道:"你觉得 UQ 象限的人就没有更大的动机了吗?"

杨密想了想:"也许有吧。"他想到他父亲在做生意的时候,也曾经谈到过之前的理想,但总是没有把这种大的动机和眼前挣钱的方式结合起来,感觉无奈。

"或者曾经有过,"杨密接着说:"只是他没有找到把动机和眼前的生活，特别是中国人赚钱的生活、消费方式结合起来的方法，有句话：'理想很丰满，现实很骨感。'或者说有些UQ象限的人，他们有一些动机，但是这些动机很快就被淹没在世故人情中了，就像大海里的一朵浪花，很快就没了。他们偶尔可能会看一场电影，或者看一本书，或者与成功人士聚会聊天，能激发他们比寻求安全更高层次的需求，但是很快又没了。当然，还是有一部分UQ象限的人有爱心，有追求爱和归属的动机，他们努力工作，希望让家人过更踏实、更稳妥的日子，让自己身心得到归宿，即所谓的安家立业，而且UQ象限的人群不管在中国还是在全球其他国家都是主要的人群。"

我说："看来你的变化还是很大，UQ象限的人的确是我们社会的主流，因为他们安身立命的人生观使社会更加稳定，就像儒家倡导大量的劳力者只需要知道做什么，不需要知道为什么做这些一样，他们只需要做不需要明白。因为这样的人更好管理，国家的发展、稳定也才有保障，社会才不会动荡。

"因为孔子生活在春秋战国，所以他认为解决国家动荡不安的最好办法就是让更多的人能够克己复礼、安身立命，像周朝那样，讲究社会等级、秩序。

"孔子通过读书考试的方法来设计这个制度，并给普通人机会，通过竞争和付出，让读书人、贤者、圣人去右边象限管理社会，给左边人一个和平的社会。这也是一条从左边到右边的路径，就是读书改变命运，特别是在古代的时候。我们现在讨论UQ象限的人，虽然他们没有什么动机，他们只有生存需要、安全需要，还有爱和归宿的需要，但是他们的确给社会稳定做出了巨大的贡献。特别是今天，物质生活高度发达，就有了更多的对高品质服务的需求，包括一些文化产品、精神服务，社会就有了更多更细的分工，就需要更多的技术工人、行业人才，并心安理得地去做自己的那份工作。"

"但是他们注定要这样吗？"

"他们有改变和选择的意识吗？这个课题你们可以去想一想。你们俩未来的命运也可能留在左边，在UB象限成为一个不明白瞎折腾的人，让一些小的动机把自己大的动机给毁了，或者像UQ象限的人一样将自己的生活淹没在大众当中，最后慢慢地像海中的浪花一样消失了，成为这个社会稳定运转的一颗螺丝钉。我们曾经倡导过螺丝钉精神，显然你们俩是不愿意的，从你们俩的眼神就看得出来。"

杨密马上就说："当然了，老师，我在大学时就想进入你说的AB象限。"

南希撇了一下嘴，心里想，自己早就是右边象限的人了。而张元更坚定了要去右边的决心，父母为自己节衣缩食、含辛茹苦，乡亲们也在看着他，他说不清自己的奋斗动机，既是为己也是为他人，有实际的需要也有虚荣和攀比，但他已决心去AB象限挑战自己，出人头地。所以，他很想听听右边象限的创富动机是什么？

AB 象限人的 M

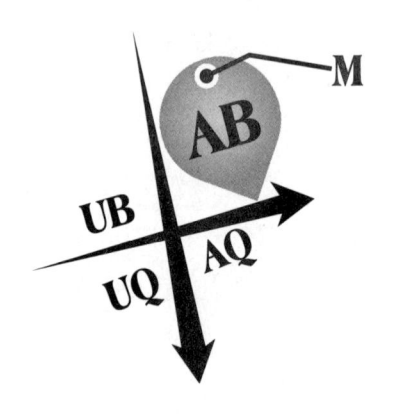

我说:"我们现在来看一看右边的创富动机。AB 象限的人,他们的创富动机已经达到了马斯洛说的第四、第五层次,也就是说,他们已经过了生存、安全、爱和归属的需要,他们需要被人认可和自我实现。换句话说,他们是属于有限动机需求里面的高层次。也就是说在这个象限的人,希望得到更多人的尊重、认同,想获得名誉和地位。

"中国几千年的历史文化当中,虽然很多时候都是世界的财富大国,但中国的富人在中国人的精神世界、中国人的政治生活与文化生活中,一直处于较低的地位。所谓的'士农工商',商是排在最后的,并没得到更多人的尊重、认同。这就是说,财富尽管是每个人都想要的,但是财富一直没有登上大雅之堂,并成为国家宣扬和追求的。

"那么,是什么取代了财富成为大家追求和仰慕的呢?那就是儒家所讲的'士'的精神，是一群能够修身、齐家、治国、平天下的人，他们是一群明白的人，他们是一群要在社会当中找到自己位置的人，用马斯洛的话说就是自我实现之人。在中国几千年的历史长河中，早在春秋时代，市场就很发达，发达细分的市场让中国人从民间到国库都很富有，但主流意识形态却给市场上的商贾很低的地位，这从另一个角度证明，最高的财商智慧不是为钱工作，是为事业工作，对国家、对家庭、对个人都是一样。连世俗的观点也是如此，挣大钱的大多是静悄悄的，财不外露，除了防贼以外，也是富不言钱的表现。

"右边象限这些人，AB象限的人、今天成功的富人，他们就像《富爸爸穷爸爸》中所说的，富人不为钱工作，他们不仅用钱来满足自己各个层次的需求，还用对财富的追求过程来满足事业、名誉、认可、尊严、自我实现等方面的人生动机。"

"那么我们可以看看，在AB象限的人，像乔布斯、比尔·盖茨，也比如说我们国家的马云等，他们也许曾经没有这么高的动机和理想，但在这个过程当中逐步发现自己的动机，就是想去改变人们的生活方式。例如，马云要通过线上的服务平台，通过现代物流网络打破人们的生活方式，减少中间环节，或者抢占中间环节，现在很多人，特别是年轻人，他们的生活和消费都是在手机上。"

南希马上说道："太对了，我干什么都是通过手机解决，我连组织生日聚会都是通过手机解决。"

"他们就是希望改变你们的生活方式，同样腾讯也是，希望你们一切可以通过微信解决，有些人找朋友都通过微信。你们的生活方式、交友方式都在发生改变。也就是说，这些 AB 象限的人，他们拥有很高的财商，明白自己要什么，既要财富又要通过事业来找到更多的财富，他们创办企业，有自己的品牌，并愿为此付出艰苦的努力和面对失败的压力。他们赚更多钱的目的是为了获得更大的认同、更多的自我实现。"我解释道。

AQ 象限人的有限需求与无限需求

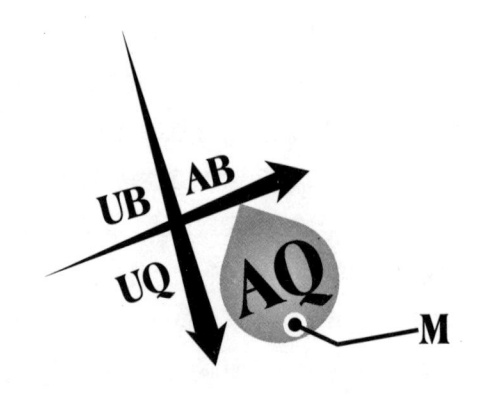

"AB 象限中有些人也只停留在用事业获取更多财富的层面上，他们还没有达到超越自我实现的境界，没有达到改变人的精神生活的境界，还停留在改变物质生活的方式上，也就是说，他们还在有限需求里面实现人的最高动机需求。马斯洛曾经在《人性能达到的境界》中论证了超越人本心理学的需要，也就是说他的一、二、三、四、五个层次的需求要被超越，那就是超越自我实现，简单说则是自我超越。人们除了有限动机需求以外，还有无限动机需求，也就是说我们生活在有限世界和无限世界中。这是 AB 象限中更少的一部人才可以做到的。

"实际上我们只有两种动机需求，一种是有限动机需求，一种是无限动机需求。有限动机需求里面又分低层次的生存、安全需要和高层次的爱、尊重和自我实现需要。无限动机的激活和确立，这就是 AQ 象限的人要做的事情，当然 AQ 象限有一些人，最后通过不断的财富积累，自我实现后也跨向了无限动机需要，他们把财富用慈善的方式回馈给大众，也满足了自己的无限需求，他们看到了努力所得到的回报，这种回报超出了自私的欲望，超出了小我的理性局限。

"左边象限的人，特别是在 UB 象限的人，几乎很少有这种比较美的无限动机，他们为钱而工作，被压得喘不过气。但是在 AQ 象限人的生活中，除了理性的有限动机，还有直觉的无限动机，他们在生活中可以处处发现美、体验直觉和当下，既有解决有限动机的路径——科学的智慧，也有触及无限动机的直觉和乐趣。这些人看起来又是如此普通，他们可能还在上班，也可能在发脾气、在购物，但这些日常事情和他们的直觉是打通的，是和无限动机相通的，所以他们是平和的、平衡的、自主自发的，能够独立直面和接纳问题，不受世俗道德约束，他们随处发现美，不管这种美在他们的直觉当中还是在他们的理性推理中。他们艺术的直觉和美的鉴赏力很高，这部分人，只占我们地球人的很小一部分。"

我接着说："现在，我们回头来讨论一下小镇的创富动机。"

交谈中，张元一直在倾听，当南希说他们可以去改变这个地方的贫穷，从而实现他们存在的价值时，张元说话了："你们不要想得太理想，我生活在这里，太了解这里了，你们给他们讲财商教育、这种教育那种教育，包括欧阳光华的音乐教育等，他们认为这是远水解不了近渴，他们直接希望你们带给他们最实惠的东西，那就是钱，这里的人太穷了，我生长在这里我知道，贫穷让很多人直不起来腰。他们有时都不敢坐在一个桌子上去跟他人谈事，他们没有这种习惯和自信。他们已经习惯了低着头，眼睛只看着自己那一小块地儿，把自己的小日子过下去。所以你们讲得这么多，最核心的东西则是能不能送一些机会过来，让这里的人富有起来。这才是他们想要的。"

我问道："杨密，你怎么看这个问题？张元的这个问题反映了主要人群为钱而工作的动机，即 UQ 象限人的创富动机。"

杨密说："我也不知道，我父亲的老家据说也是这样的，但是好像我们现在的年轻人，都已经不再关注这些了，我们已经被热闹的互联网、城市生活、信息、娱乐牢牢地吸引住了。"

我又问："那你觉得我们面对这样相对贫穷，却有文化、风景不错的地方，能做点什么吗？"

杨密说："当然可以，但具体做什么，一时我也想不清楚。"

我问张元："你的父老乡亲们，他们是一群很朴实的、愿意学习上进的人，他们有固执的一面，但也有他们的优势，尽管他们可能跟外面人打交道有他们的不适应，也正因为如此，才更需要教育、知识和财商方面的训练。

"我们知道，在中国农村，也有快速富裕起来的村镇，媒体常有报道。怎样让当地人能够看到这里独特的资源，并且把它盘活，与外界交互起来，这就是我们财商教育需要做的，也是需要让他们认识到的，任何外来的人只能帮他们一时，所谓救急不救穷，这就需要他们自己找寻自己的创富动机。他们要找到这个地方的创富项目。越贫穷的人，有时越依赖金钱，一旦他明白了只依赖金钱是不够的，还要找到当地的资源、项目、产业，并把它盘活，钱自然就来了。离这个地方不远的九寨沟，曾经比这个地方还要穷，但是现在他们多富有啊！实际上他们是把美丽的风景盘活了，吸引了外面的资源，打通了，所谓的资源激活了，就是这个意思。当然，这就需要当地有财商的人来带领大家。

"今天先讲到这里，你们什么时候回北京，给你们做个测试。"

又过了一周，三个同学出现在我的会议室。"你们好！今天先给你们做一个财商测试。"我分别给了他们测试卷子，"10分钟以后我会收回，你们不要讨论、不要交流，各自按照自己现在的真实情况答出来。"

10分钟后，学生们将答好的试卷交给了我。20分钟后，分析的结果放到了我的桌上，大家都非常好奇自己的财商测试结果，我告诉他们，他们都在50分左右。学生问我："满分是多少？"

我告诉他们："100分，这个测试包括四个维度，MBW三个方面的维度还有MBW的和谐维度，根据每道题的权重和每个维度的权重等一系列算法，最后测算出来结果，你们都在50分左右。"

杨密很惊讶，自己的分数居然还比南希高出7分，杨密49分，南希42分，张元48分。

"我们今天继续讲创富动机。测评显示你们的动机分数都很低，只有30分，动机的分数满分也是100分，但你们只有30分。我问你们一个问题，你们回去以后有没有想过左右象限的人有什么不同吗?"

杨密回答:"想过,但是也没有想明白,只是知道右边象限的人钱多、霸道,有很高的成就感、自信,美誉度高,反正他们过的生活不一样。"

我接下来说:"这只是一些表面的、肤浅的对比,我希望你们倒掉一些东西,装上一些新东西,那一定要想清楚这些东西是什么。在你们的测试题里面有几道属于创富动机这方面的题,要培养创富动机,先来讨论一下钱有什么用。

"我问你们,如果说乔布斯只是想赚点钱买个汽车,在美国一部好的车大概是7万到8万美元,再买一套房子,几十万到几百万美元都有,那乔布斯就会想着去找一份工资收入高的,或者是足够他支付这些按揭贷款的工作,然后再去做一些理财,会不会是这样的结果?

"南希,现在你们家很富有,你买房买车都不是问题了,那么我来问你一个问题,钱到底是什么?它有什么用?"

南希接着回答:"钱当然有用了,它可以买衣服、买好吃的、买房、买车等等。现在中国人钱多了,在世界上人家也不敢把我们怎么样了,很多地方还增加了汉语服务,那不就是他们想赚我们兜里的钱?我出去旅游的时候……"

我接着发问:"钱除了能买东西,还有什么用?"

张元回答道:"钱可以让我摆脱贫穷,更能摆脱自卑,敢与人比了,能带来光环和成就。"

"金钱还有什么用?还可以让人过得有地位、有尊严,似乎是这样的。"杨密想到了父亲的小企业,拼命了一辈子,也得到了一些人的赞誉，但那都是父亲用血汗换来的，他经常为了应酬，为了要款，把自己的身体都累坏了。所以，当他觉得金钱可以买到这些的时候，心里也在发虚，其实有时金钱也在增加他们的烦恼，比如说像他父亲，但是为什么会出现这种情况呢？他父亲的问题又出在哪里呢？

我接着杨密的回答问道："是，金钱它就像一只手，它有这一面也有另外一面，其中一面给我们带来了很多虚荣满足，物质上的丰富在很大程度上决定了我们生活的状态，是被别人尊敬还是被别人唾弃，是朋友更多还是朋友更少等。"

我接着引导大家讨论钱有什么用的第三个层次："财富还能支持和推动人类社会的进步。

"由于有财富的保障，我们的科技有了巨大的进步，我们对自然的认识、改造、掌控越来越强，生活变得更加快捷方便，有时财富也推动了方方面面的变革。例如，西方人引以为荣的现代政治制度也是源于资产阶级对财富利益的追逐、对公平竞争的追逐。

"那么，你们想一想，钱还有什么用，还有没有比前三个层次更高的？第一是购买商品与服务。第二是获取商品与服务购买后的体验和享受，比如说激情、快乐、虚荣、尊严、荣誉等。第三是财富对社会文明的推动，对科技、文化、政治、生活方式的改善。"

"那么超越这三个层面的还有什么呢？"杨密很好奇。

我回答："给你们一个小小的启示，知道人机大战吗？科技的日新月异出现了机器人和人的比赛，在跳棋、象棋、国际象棋领域，机器人已经超过了人的智慧，现在机器人在围棋上也把人类的顶尖棋手打败了，由谷歌开发的机器人阿尔法狗，击败了韩国著名九段棋手李世石。换句话说，财富还有什么用？它还能推动科技产品的产生，特别是催生金融和科技的结合，催生一些人工智能吗？到最后会不会它们到了右边象限，而人类在左边象限？

"因为它们的理性思维是如此的发达和有力，就像19世纪美国著名学者爱默生说的，事物骑在马鞍上驾驭着人类，而这些事物都是因为人类自己追求财富而创造出来的。

"这些事物让人类面临着新的问题和挑战，这些问题和挑战又让人类得到了再一次的解放、再一次的挖掘，就像我们全球现在有些国家花了巨资在开发大脑工程一样。据说我们的大脑只被使用了5%，还有95%都没有被使用。一旦这部分被激活，世界将是什么样子？"

创富动机的层次

"现在我问你们一个问题，你们觉得多少钱，你们买车买房买衣服就够了？"我问大家。

杨密说："几百万？"

南希说："几个亿？"

"那么，在这个数字之上呢？"我问他们："如果几十个亿拿来干什么呢？"

杨密一时回答不上来，而南希虽然知道自己家里有几十个亿，但是她也不知道这些钱以后拿来干什么。

张元则想到了他那个县。

我接着又说:"因为你们是城市生活的人,如果说你们去张元老家,那里的人一年买衣服只要几百块钱就够了。换句话说,他们的环境、他们的生活方式也决定了多少钱对他们就够用了。如果仅仅停留在买衣服上、停留在衣食住行上,把钱有什么用放在这个方面的人,创富动机是在左下象限。

"一个月支出 3000 元钱就可以收支平衡,你们可以设想,在这样的生活环境里,需要更多的钱干什么呢?上帝是公平的,对那些不喜欢挑战冒险、不愿付出的人,也就不需要配置更多的财富资源给他们。所谓厚德载物,此处,德是一种志向高远的动机,不仅是个人发达,更是社会、人类的发展动机。修行也是要修这样的创富动机,从修身、齐家到治国,到平天下。

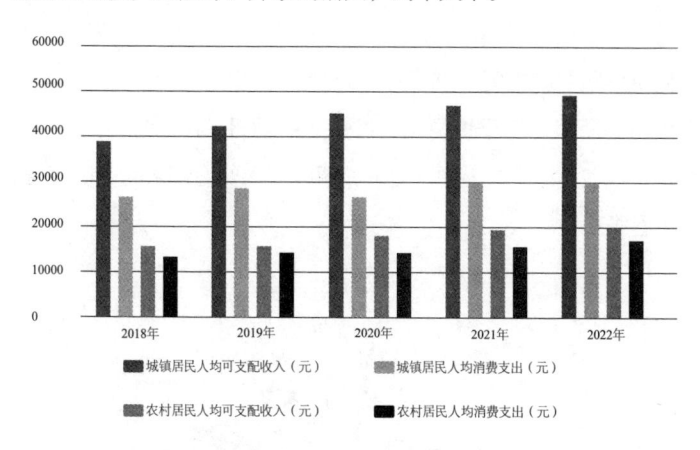

2018—2022 年城镇居民与农村居民的平均可支配收入与消费支出数据
(数据来源:国家统计局网站,http://www.stats.gov.cn/tjsj/)

"如果更多的钱拿来干什么都不知道,怎么有动机去创造更多的财富呢？所以，创富动机的大小、深浅、高低，决定了你挣钱的多少和多久。显然，比尔·盖茨和乔布斯都不是把挣钱作为自己攀比、爱虚荣、买东西的需要，如果是那样，不可能有今天的苹果也不可能有今天的微软。今天，他们把自己的大部分财富拿出来成立了基金，大家想一想，他们的创富动机是什么？所以，这就是我为什么说你们还在左边。第一次我就讲了，南希现在在你旁边，你想获得她的好感，因为你说你喜欢她。"

南希瞥了一眼杨密。

"而南希目前没有创富动机，你们的测评分这样低，因为你们只知道钱能用于购物，所以我问你们要那么多钱干什么，你们无法回答，甚至还没有想过这个问题，你们没有为自己的钱找一个高远的、长久的目标，你们又怎样让金钱和财富钟情于你们，被你们所驾驭和支配呢？就像一个只想跑十米、二十米的人，怎么有资格去获得一匹千里马呢？而张元的动机'B'的分数比你们高，是他在第二层次上想得更多，要改变因贫穷带来的自卑。"我看了看张元说。

杨密若有所悟地说："老师，我明白了，左边象限和右边象限的人最大的不同是他们创富动机有很大的不同。左边象限的人主要想的是用钱购物，从而满足自己的日常需要、衣食住行，最多再满足点攀比心理。而右边象限的人，有自己的目标，有自己的事业，他们的目标和事业是如此坚定，动机是如此纯粹、集中、长久。他们激活了自己的财商，他们会让钱为他们工作。哦，我终于明白了，老师让我们看的《富爸爸穷爸爸》一书里面第一课就是"富人不为钱工作"，因为他们的事业就是他们的财富，他们知道金钱仅是一种工具，财富是自己的事业，只有热爱自己的事业，有了这个强烈的动机，金钱才会为自己工作，自己的钱才会越来越多。这样说起来，钱似乎也是很贱的，左边的人天天想钱，其实也就是想多买几件衣服，去攀比，吃好的、玩好的。所以，社会财富没有更多地流向左边象限的人。右边象限的人一开始并不想为钱工作，甚至可能看不上钱，想的是要做成一番事业，在不断的坚持和努力下，社会财富往往更多地流向了他们。创富动机不一样，最后获得的金钱多少也就不一样了。"

南希低头想了想，她觉得老师说的也不全对，自己的父亲似乎也没有什么伟大的事业，但是他为什么就那么有钱，那么能挣钱，现在变成了省里的首富？所以南希就问我："老师，你说的也不全对，我不知道王健林、马云还有包括我父亲这些人，他们是怎么富有起来的，他们的事业是什么？我似乎有点模糊，也许别人写传记的时候会重新帮着他们去粉饰去包装，但是像我父亲，我觉得他好像没什么高远的目标，没有伟大的动机，但是他怎么也这么有钱？"

"他们有一个动机让自己变得富有,这个动机就是贫穷,即匮乏性创富动机。也就是说贫穷极大地刺激了你们的父辈,他们努力要摆脱贫穷,让自己有面子。无论是因为贫穷而家里揭不开锅,还是因为贫穷在面子上受到伤害,总之改变贫穷是他们的动机。中国近几十年的发展历程中,贫穷是少数富起来的人的创富动机,但是他们如果没有在这个过程中找到为之奋斗并转化成资产的事业,他们就不会长久拥有这些财富。

"同样,很多人因为贫穷也把自己的创富动机扭曲了,他们希望有更便捷甚至利用非法的手段去获得钱财,像现在出现的大量贪官、不法商贩,他们的确是快速地赚到了钱,但是这个钱能留住多久?能否给他们带来金钱背后那些快乐的、自豪的体验甚至更有意义的事物?这是没有的。

"很遗憾,你们俩现在已经不可能再有这种动机了,因为你们是富二代,没有这种贫穷的感受,所以你们身上吃苦的能力、抗挫折的勇气、奋斗的精神会大打折扣。如果你们再没有一个很好的创富动机,你们就只能待在左边象限。你们现在的状态,看起来在右边象限,那是因为你们有家族财产,但是如果你们家族出了问题,你们就会出问题。当然,我们国家也在发展,政府承诺要消灭贫穷,这是国家的政策,但不能躺在国家政策上,否则,就绝对在左边象限。南希,你父亲是因为他有这个贫穷的经历。"

张元也有这个动机,所以才更想通过努力来证明自己可以摆脱贫困。

南希低头想了一下,说:"是的,记得自己很小的时候,家里父母还经常为了一点小的花销吵架。由于没钱,父亲经常还受别人

第三课 创富动机 M

欺负。"她知道这些都深深地给爱面子的父亲留下了伤痛，所以她的父亲发誓要赚更多的钱。

南希的手机突然响了，她走出去接了一个电话，回来以后情绪非常激动，迅速收拾好东西离去了，也没有打招呼。杨密很诧异。

大家不知道发生了什么，我继续上课："要知道自己的创富动机，要训练自己的创富动机 M，因为这是财商的重要组成部分之一。首先要明白金钱的真相，这是左边象限和右边象限最大的区别，左边象限的人不明白金钱的真相和财富到底是什么，而右边的人明白金钱的真相和财富是什么，所以他们就有了驾驭它的手段。

```
      AB
   UB ╱
      │
  ────┼────→
      │
      │ AQ
   UQ ↓
```

"右边人明白金钱和财富的各种规律，包括明白左边的人，因为财富要素当中，除了资本、土地、技术之外，劳动力是重要的要素之一。大量的左边象限人在右边象限人眼里看来是劳动的主体，是生产的要素。对于在左边象限的人来说，他们只知道金钱是购买东西的，他们永远处于饥饿状态，永远有缺东西的想法。他们不断消费，从快餐到旅游，从无聊的衣、食、时尚消费到无

63

聊的信息消费。美国就是这样的典型国家——消费国家,他们国家的运转就是依赖于他们对资源的过度消费,而这些过度消费是由少数人所设计的,左边象限的多数人在消费中已经被异化了,《富爸爸穷爸爸》的作者罗伯特·清崎讲:"他们变成了银行的打工仔、国家的打工仔和老板的打工仔,他们活着的时间、他们的运动都变成了少数人赚钱的可能性。"

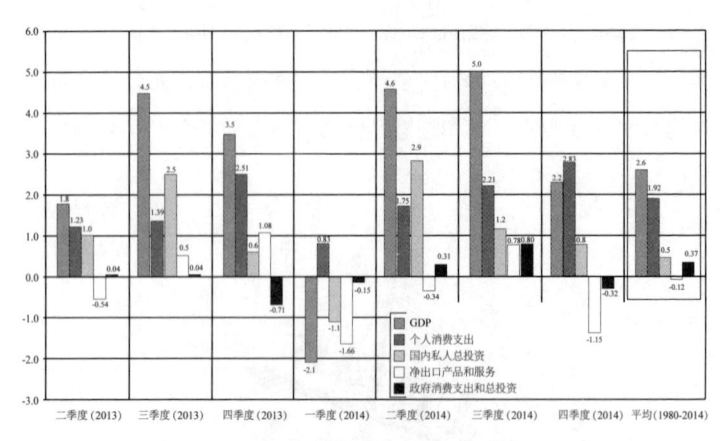

不同因素对美国 GDP 增速的贡献

(数据来源:美国经济分析局)

"罗伯特·清崎还讲过,不久的将来中产阶级将会被消灭,只剩下穷人和富人。西方国家经过一系列的冲突对抗后,由于国家福利的发展以及税收制度、政治制度、经济制度的调整,中产阶级成了国家稳定的磐石。

"现在,这些中产阶级正在被少数人所异化,他们的生活方式被金钱吞食。左边象限的人认为,金钱是他们上班的主要目的;

右边象限的人认为，金钱仅仅是交互权利的一种可量化指标，财富的多少从某个方面代表一个人交互权利的大小。很早之前，英国古典经济学家李嘉图讲过，财富是一种劳动的凝结。今天，财富除了是劳动的凝结之外，还是交换的一种凝聚，换句话说，拥有更多的财富就拥有更多的交互权利。

"右边象限的人深刻地领会到这一点，他们在实施他们交换权利的时候，不仅使用了金钱这种手段，他们还用更多的手段来扩大自己的交换权利，而金钱仅仅是一种符号。但是在左边象限的人看来，金钱是他们的衣食父母，司马迁讲的熙熙攘攘、利来利往，古人说的人为财死、鸟为食亡，这是左边象限人的金钱生活写照。

U	A
为钱工作	不为钱工作
为一、二层次需求	为三、四层次需求
钱是衣食父母	钱是交互权利的一种量化指标
为别人打工	为使命（自己的）工作

"左右象限的这些差别，也由于右象限对左象限的设计，金钱和财富在今天又具备了一些新的特征，今天我们就必须了解金钱的真相。"

一、钱越来越多

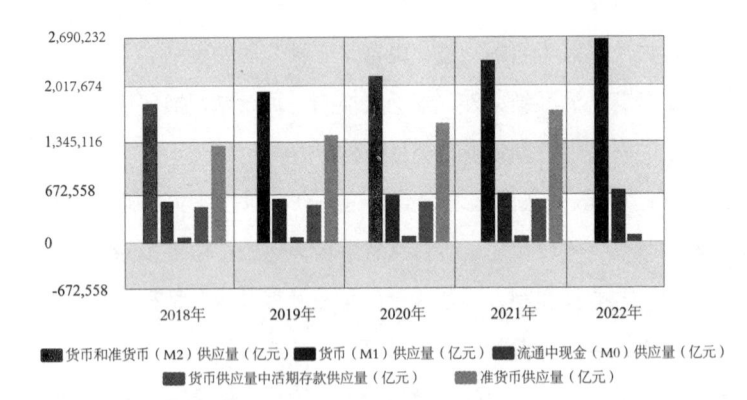

2018—2022年中国货币和准货币（M2）供应量（亿元）

（数据来源：国家统计局）

因为进入流通领域的东西越来越多，无论是商品、土地、资本、劳动力、技术，还是人的情绪、欲望都在这个流通领域不断增多，这就需要更多的金融机构、更多的货币。就像河道里的船和河水一样，现在跑的船越来越多，就需要更深更宽的河水，所以钱会越来越多。

二、钱越来越集中在少数人手里

那么，越来越多的钱将会越来越多地集中在少数人手里，集中在右边象限中AB象限人的手里，因为他们在引领、制造、管理着大众（左边象限的人）的生活方式。比如说苹果制造了依赖于手机终端的生活方式，微信制造了依赖于微信的生活方式，现代农业制造了使用有机产品这种生活方式等。法国作家托马斯·皮凯蒂的

《21世纪资本论》中，$R > G$（R代表资本收益率，包括利润、股利、利息、租金和其他资本收入，以总值的百分比表示；G代表经济增长率，即年收入或产出的增长）的论述，也说明了这一点。

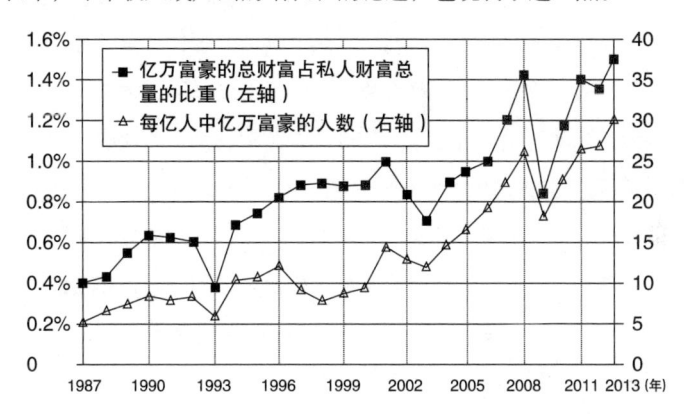

1987—2013年亿万富豪占全球人口和财富总额的比例

1987—2013年，每亿人口中资产超过10亿美元的富豪数量从5人增加到了30人，而其财富总额在社会全部财富总额中的比重则从0.4%增长到了1.5%。

（数据来源：piketty.pse.ens.fr/capital21c）

三、人们的欲望将越来越强

社会上少数人设计了更多的广告、宣传、营销，包括从文化等角度来控制人性、欲望，让大部分人处于一种饥饿状态，每个人都希望有更多的消费品去满足自己，他们害怕孤独，不愿独处，所以就用大量的商品信息来填满自己的空间。

今天在地铁、商场、办公室等场合，几乎每时每刻，这些人都在消费，要么在手机上购物，要么在看微信或在支付，货品满天飞、信息满天飞，构建了一个极大的网络把人们都网进去，这些都是少数人设计的。但是大多数人不明白、看不清楚，就深深地陷在里面。

近代文明的一个最大讽刺就是我们制造了一个巨大的魔鬼，这个魔鬼让每个人处于对消费的饥饿状态，也即人们对金钱的渴望，对各种商品服务的渴望，以及填不满的欲望。近代社会认为经济增长才能让人们充分就业，社会稳定，而经济增长又必须靠大众消费来刺激，这就要用各种手段去刺激人的欲望，消费的欲望。如果没有了某种消费的欲望，也要培养消费的时尚和习惯。又为了刺激这种欲望能兑现，国家就要实施宏观调控。所谓宏观调控，即发行货币、调整税收、成功学激励等各种手段都出来了，这就必然会出现经济、金融的节奏变化，所谓景气、萧条、复苏的循环圈。

为此，不管是哈耶克还是凯恩斯，都阻挡不了贫富悬殊、左右象限的人矛盾加剧的趋势。

四、你越来越穷

相对越来越多的商品、服务及各种消费诱惑，你的钱越来越不够花，你的购买力正逐步下降。

五、社会矛盾会越来越大

换句话说，当普通人的欲望越来越强、越来越多、越来越被右边象限的人控制，同时右边象限人的生活方式又通过信息广而告之，让左边象限的人知道时，贫富悬殊、社会分化会越来越大，造成人与人、社团与社团、阶级与阶级、国家地区与国家地区间的矛盾，给社会带来更大的冲突和动荡。

六、人们的欲望和人性将被异化成消费机器

现代社会正常运转的基础是建立在经济指标发展的基础之上，即经济增长率和就业率等，人们的欲望作为资源在今天也被纳入消费流通领域，变成社会运转的重要资源，但这是无限的吗？无论是国家稳定发展还是右边象限少数人的利益，都希望左边象限人的消费是无限的，才有财富的无限可能，才能让更多的货币有作用、有市场。

或许在不远的将来会出现对金钱和财富的重新解释和定义。当然，我们大家都希望这是以和平的方式来过渡，而不是以战争和冲突的方式。因为会出现国家和国家之间、阶级和阶级之间、富人和穷人之间的利益冲突。

杨密很认真地在记笔记，他知道现在物价涨得很厉害，现在的鸡蛋价格是20年前鸡蛋价格的很多倍，包括蔬菜的价格、大米的价格等。他知道这些都是货币越来越多的缘故，他再一次知道了要做一个有财商的人，一定要明白金钱是什么、财富是什么，要明白金钱和财富是自己人生和事业的工具，要重视它，但是又不能只为

它而活着、为它而工作的道理。要让自己有更好、更有力量的财商，让金钱为自己的事业工作，可能也只有这样，才能让南希对自己有好感。但是自己的事业到底是什么？自己到底热爱什么？他想过做游戏产业，想过搞体育产业，想过当演员，想过搞电影电视。但是这似乎都不足以让自己产生长久的兴趣。想到这，杨密问道："怎么检验自己有没有创富动机？或者是当自己确认了自己有某一种动机的时候，怎么检验它是真动机呢？"

如何检验自己的创富动机？

我回答说："你这个问题问得很好，那就是说你不知道你现在的想法或者你这个动机是不是你自己真心想要的，是不是属于你的。对此只有一个检验方法，那就是你愿意为这个动机付出什么。如果你为这个目标和动机付出得越少、越浅，那就说明，要么你没有动机，要么这不是你的动机，如果你愿意为它付出得越多，那么它可能就是动机。就像这次你过来听财商课一样，从你对财商不了解，到开始慢慢了解，你的杯子一直是满的，需要慢慢一点点倒掉。我不知道你现在倒掉了多少，至少你现在开始倒了，那就说明你开始产生一些右边象限人所拥有的特质，对动机开始分析和关注了，所以这是一个很好的转变。那么，首先要看你对学习财商愿意付出什么，对要当一个明白四个象限的人，明白 MBW，你准备付出什么、改变什么。这就是你检验动机的第一步。"

几点建议

1. 多玩几次现金流游戏。

2. 增加对财经信息的关注次数。

3. 阅读《富爸爸穷爸爸》等财经类图书。

4. 参加财商学习班。

5. 去最不需要钱的地方看能待多久,如梭罗在《瓦尔登湖》里描述的环境,去找到财富的本质和动机。

6. 去钱最热闹、最多的地方,如证券交易所、华尔街、商学院、高端俱乐部参加活动。

7. 独自去远方旅行一个星期。

8. 寻找反思做一些事的意义,如求名求利、参加慈善、修行、阅读、帮助他人、体育竞赛等。

说到这,我说:"今天我们这堂课也该差不多了,不知道你的朋友南希怎么会急匆匆地走了,而且会那样的不高兴,你要不要打电话问一下?"

这时杨密想起南希离开这么久了,也不知道她当时为什么情绪激动。所以他拿起手机给她打了一个电话,电话里马上传来南希的哭声,南希泣不成声地告诉他:"我父亲出事了,因为涉嫌犯罪已经被抓起来了。"

第四课

创富行为习惯 B

美国的财富行为习惯 B

两天后,我接到杨密的电话,说南希他们家真出事了,她非常难受,情绪很低落,她家的财产都被查封了。南希的心理落差很大,同学们都知道她家出事了,也对她另眼相看,她也不再有当时那种不可一世的感觉了。

我在电话里说:"这就是动机出了问题,钱多到了一定程度以后,如果没有一个好的事业去承载,这个钱就留不住多久。在接下来的创富过程中一定要知道改正和反思,让自己的财商发挥出来,明白要做的事,明白创富动机要和自己的事业联系上,才可能会产生一个持久的生意,即基业长青。否则,就像有句话所说的,出来混总是要还的。怎么吃进去还怎么吐出来。今天很多有钱人最后都会走到这一步,只不过有的人早一点有的人晚一点,你要有一个好的因、好的动机,你才能有好的果。"

杨密越来越认识到训练财商的重要性,也认识到了生活的真相,以及金钱世界的风险和不确定性。如果没准备好就冲进市场的话,那一定会败得很惨,交很多学费。现在自己明白了一些真相,但要能驾驭这些法则,还很艰难,要不说为什么只有少数人能去右边象限呢?这需要勇气、毅力和不断的付出。他已下定决心坚持训练下去。虽然说他先天没有匮乏性动机,但现在他要扎实寻找,培养自己的成长性动机。

通过几次的学习和训练,他对原来的动机也做了些新的梳理,现在并不完全反对父亲的生意,但是他要学会规划,找到最适合自己的那条财富之路。他决定要更多地了解自己、了解金钱和了解与金钱打交道的各种方式。

他做了一个决定,他在电话里问我:"老师,我能不能到你们那去上班?"

"为什么有这个想法?"我问。

他说他有这方面的困惑:"目前南希家出的事让我知道,一个人要想生活得富有和成功,一定要做很多的付出和转变,但是很多人连付出什么都不知道,转变什么也不知道,所以我不想再当一个糊涂人,不想进入四个象限中的UB象限。我希望自己在财商方面越来越明白,明白自己的财商在哪里,还缺什么,怎么训练。所以我想到你们那工作,觉得你这个事情很有意思,回来跟我宿舍的同学讲了后,他们也很有兴趣,想加入我的听课行列。我们班有个同学想挣钱,从家里借钱进了一批货,就是手机充电宝,现在全砸在手上了,卖不出去,这就是您说的,学校鼓励大家创业,但我们几乎全部没有准备好,一点财商都没有,如果成功,那是运气。"

杨密还说他告诉了父亲,父亲很高兴他有这些变化,并支持自己去财商公司工作,杨密又问道:"老师,我到您那工作有工资吗?我也是在学习,还要交学费吗?"

我在电话里问:"你到这来想做什么呢?你刚才的问题又暴露出来你在左边象限的事实,当你找到自己想做的事情,首先没想到付出,而想到的是我能得到什么,得到多少工资。不过这个是大多数人的惯常思维,世俗的、大众的行为习惯营造了强大的环境影响力,在这个环境中大部分人都被感染了,你也不例外,那就是我为什么说要想轻松就去听学校那些就业指导专家的意见,或者社会上那些所谓的'专家们'的建议,他们想把大部分人安排在好管理的左边象限,让你们找一份工作,踏实地待在左边象限。但我看到了你的改变和决心,希望你从这个工作开始,看能不能让自己做一些真正的改变。"

又过了两周,杨密、南希、张元还有另外一个小伙子坐到了一起,准备与在美国度假的我开始视频课程。

南希就像大病了一场,显得很憔悴,坐在她身边的那个人似乎很关心她。杨密介绍说那是他们同学,叫欧阳光华。光华是他们学校艺术团的负责人,喜欢音乐,而且认为音乐是对人最好的教育方式之一,他的梦想是想把音乐传播到所有人群,包括贫困人群。他认为今天不仅富人需要音乐,穷人更需要音乐,偏僻地区的孩子们更缺少音乐教育,他希望用项目的方式促成这项事业。南希一直很喜欢这样的人,对他很有好感,觉得他有理想有追求。欧阳光华在知识分子家庭中长大,父亲是音乐学院的老师,属于才华横溢却不富有的人,当然也就看不上许多暴发户,从骨子里面看不上南希的家庭。最近南希出事了以后,一下受到如此大的打击,变得这样憔悴,他不忍心,也就经常陪伴着南希。这次他陪着南希一起来听我的课,但他压根不喜欢商人、鄙视商人、不喜欢金钱,只想做好自己的事情。他父亲也因为这种桀骜不驯的性格吃了很多苦头,到现在还住在学院的小房子里面。

但是在今天的经济大潮里,欧阳光华也在开始慢慢转变,希望能有更多资源帮助自己实现梦想,他积极参加学校的社团生活。

这次是杨密告诉了他一些关于财商方面的事情,欧阳光华想来听一听。

我的电话响了,是杨密的声音:"老师,您准备好了吗?我们都坐在一起了。"

我说:"好吧,打开视频。"

此刻,北京时间晚上12点,美国洛杉矶时间上午9点,我和南希、杨密还有欧阳光华通过视频开始了第四堂财商课。

我说:"不好意思,让你们晚上还聚在一起听我上课。"

杨密说:"没事,我们都是年轻人,夜猫子。老师你们那边几点了?"

我说:"我这边上午9点。"

南希说:"老师,怎么听着你那好吵啊?这是在哪啊?"

"是在海边,你们现在听到的是海浪声,老师今天上午在海边的咖啡厅给你们上课。咖啡厅外面是一个港口,港口外是东太平洋,洛杉矶的天气一直很好,万里无云,碧水蓝天,白色的帆在蓝色的大海上,港口停着很多游艇,从几万到几十万、几百万,一些美国人在周末和节假日来这里运动、冲浪、海上派对,也算是美国中产阶级的生活。"我接着说:"要给你们看看旁边的海鸟,还有这些游艇吗?"

"好啊!"他们异口同声地答道。

我说:"那我走一走,把镜头对着它们,你们看一看。"我拿着iPad在海边走了一会儿,南希、欧阳光华还有杨密他们不住地说:"好啊,好啊,天气多好啊,看来老师生活得很舒服啊。"

欧阳光华突然听出一些不一样的声音,说:"我听见了音乐声?"原来我走了一圈后打开了车上的收音机,调频是洛杉矶 FM95 频道——古典音乐频道,正放着贝多芬的第六交响曲。当然喜欢音乐的欧阳光华一下就听出来了。欧阳光华觉得好像找到了话题:"老师,你怎么还有这个雅兴?"

我说:"跟你们聊天嘛,要有点感觉,老师也喜欢音乐,这么好的环境,听听音乐,跟年轻人聊聊天。"

"老师,你这不是在给我们上课吗?"欧阳光华问道。

"上课一定要在教室里上吗?"南希说:"我比较喜欢这种方式。""好,现在我们开始第四课,创富的行为习惯。我们先来看看我现在所在的美国。

"美国目前是世界上的财富大国,它的富人排行榜,如果按照人口比例计算是中国的很多倍,美国的金融还在很大程度上影响着全球金融资产的价值和市场,假如说把美国比喻成一个人的话,就要关注他的 B——行为习惯,这些行为习惯是什么呢?我们今天开始讨论金钱生活四象限中的行为习惯特征,以及我们怎么样才能改变自己的行为习惯,从左边象限到右边象限的转变,这是不是都是你们想要的?"我问道。

杨密迫不及待地回答:"是的,老师,我现在特别想知道如果美国作为一个人有哪些行为习惯,在哪个象限?"

我说:"对于这个问题,我们来看看行为习惯三角形'TTD':

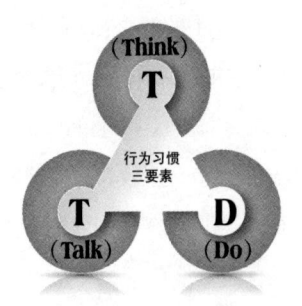

行为习惯三要素图：(Think) T、(Talk) T、(Do) D

"TTD 就是面对金钱和财富你是怎么想的（Think）、怎么说的（Talk）、怎么做的（Do）。包括你习惯性的言谈举止、价值观，也包括你偶尔的冲动行为、非理性行为。"

"坦率地给你们说，美国并不是老师喜欢的地方，因为老师在上一堂课讲过了，人的动机除了有限需求动机以外，还有无限需求动机，美国在有限需求动机上做得非常发达，这个发达屏蔽了或者影响了他们的无限需求动机。当然,有很多美国人不同意这个观点，认为他们也在做着无限需求动机的探索。不管怎么样，如果美国作为一个人，在有限需求行为习惯上有他的过人之处，是我们可以学习的。"我解说道。

这个时候南希迫不及待地问道："老师，如果美国作为一个人，他的 B 在哪呢？"

AB 象限人的 B

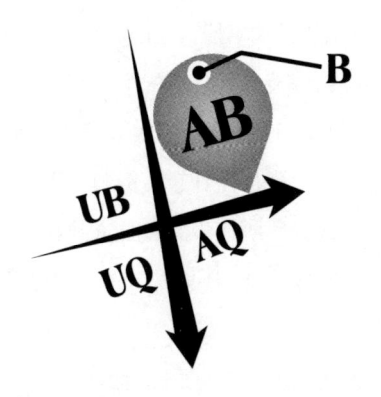

我问:"在 AB 上,你们同意吗?"

杨密想了想,说:"因为它确实是最明白金钱世界规律和最掌控规律的'人',包括掌控左边象限的贫穷国家和地区,所以美国当然是在 AB 上。"

现在,我们先说 AB 上的行为习惯。美国一直梦想决定全球财富的起伏衰落、增长毁灭等。那么,美国具有哪些 B 的特点呢?

首先,在面对金钱财富的观念上,AB 象限的人不认为金钱财富是他们的主人,他们不会为金钱而工作,但是他们不会鄙视金钱,视金钱为粪土。相反,他们认为金钱是他们征服世界的重要工具,他们重视金钱的程度和重视语言的程度一样,因为没有语言他们就无法和更多的人交流沟通,不管是获得爱、获得尊严还是获得征服感、成就感。同样,没有货币,他们认为也无法完成这些,所以他们非常尊重货币。

有人说他们很势利，这是对的，他们随时随地会跟你谈价格，价格不到位免谈，生意也不会给你做，并且认为谈价格不是不光彩的事情，而是一件很正常的事情，他们是充分市场化的国家，价格是重要的调节手段，调节各种资源的配置和管理，包括他们吃饭都可以心安理得地 AA 制，不会因为大家在这凑钱感到没面子，他们面对金钱非常直白，也斤斤计较、势利，正所谓看人下菜。认为金钱决定你这个人身后所代表的各种资源和你的能量，以此决定怎样与你交往。价格不到，不匹配，谈判只是浪费各自的精力，最后达不成好的效果。

美国把金钱从观念上摆在桌面上，而且敢谈。所以中国在加入世贸组织的时候，最艰难的谈判就是和美国的谈判，但是谈好了以后，他们还是可以尊重规则，但是他们为了掌控局面，会制造新的规则来打破他们失控的一些局面。也就是说他们要牢牢掌握控制权。其次，从教育上美国把追求财富当成社会发展的动力之一，所以他们在中学就会开设财商课，他们让很小的孩子设计项目，包括筹资创富的项目，让他们去募集资金来做自己想做的事情。他们会说金钱的语言，认为一个人的富有是这个人成功的重要标志之一。

但很多美国人正在滑向 UQ 象限，滑向穷人。所以这是美国接下来要去解决的问题，否则它的发展也会受到阻碍。美国个人的财富现在越来越控制在极少数人的手里，因为大部分人开始变得懒惰、消极或者是盲从，即使他们明白一定的金钱规则，也是一些消极的。21 世纪，美国到了它的转折点，它曾经靠着年轻，从欧洲吸引了大量资源，特别是文化、科学、财富、政治制度，并希望无障碍地自由实施下去。19世纪初,法国作家托克维尔的《论美国民主》、德沃夏克的《第九交响曲》都描述了这一点,那时美国制度和精神正在朝气蓬勃的上升期。到今天,它已成为全球财富大国,取得了骄人的成绩,并用自己制定的一些财富游戏控制着全球的经济(包括一些地区的政治、文化),但这是否已到达了顶点,就像曾经的英国、西班牙帝国一样?你们应看到世界正在发生变化。在全球化的大趋势中,新的力量正在崛起,包括亚洲、中东等,包括有限理性交互市场的力量,更包括逐步苏醒的无限交互市场的力量,因为人的理性与非理性力量在不断被激活,而靠理性、有限、零和游戏发展起来的财富游戏正在经受无限交互的考验。无限交互正是东方人文化的根基和优势,这也是人类的另一面,所以,美国有他AB象限成功的一面B,但正在接受新时代的考验。

我们来看看罗伯特·清崎怎么写美国遇到的贫富问题:"金钱规则发生了改变,正是这些改变使你变得更穷,而且已非你所能控制,这似乎很不公平。的确不公平。致富的关键在于,认识到金钱系统是不公平的,要学习金钱系统的规则,并运用这些规则。这需要理财智慧,而理财智慧只能通过解决财务问题才能获得。

UQ 象限人的 B

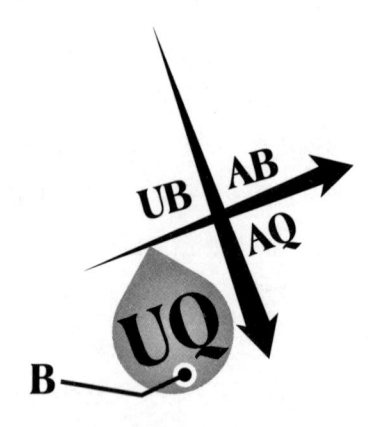

在 UQ 象限的人的特征是什么？他们在观念上对金钱的看法和他们的行为是矛盾和脱节的，有些 UQ 象限的人，认为金钱是坏的、恶的，甚至都不敢在孩子面前提起，但是他天天又在为每块钱而拼命工作、斤斤计较。有时候还大打出手，为了争得那一份奖金或者是菜市场的优惠价。

他们一方面在为钱工作，另一方面又不屑于谈钱，所以他们就处在矛盾的金钱观中。他们的语言和行为经常也是相悖的，很多场合下他们会说"我之所以穷，是命不好"，"这个东西我买不起，我永远也买不起"，抱怨这个社会不公平，把钱给了少数人，等等。他们总在为自己的贫穷找理由。他们紧紧抓住手上那一点点收获，从来不敢撒手、不敢付出，这就是他们的行为。他们中一些人连买一本书的钱都不愿意付出，更别说去读书了，恐惧、懒惰、从众、固执，习以为常，可笑的是，有些富二代也是这样的。

南希有些不服气，南希说她所有的消费都是自己想要的，而不是跟着大众。

我说："恰恰相反，你的很多自以为是的'想要'，以为是自己的，实际上你是在迎合着大众，所以才有'时尚'这两个字。追时尚的人也是属于 UQ 象限的行为。商家太知道他们，甚至推出一些限量版，就是让这些人去追。还有苹果手机不断搞升级也是一样。你们认为有自己的消费理念，不知道这些消费理念都是商家设计好的，商家还有更漂亮的广告词，找明星来做代言人，这更激发了在 UQ 象限的年轻人的消费行为习惯。

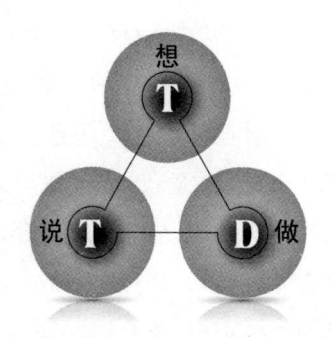

"说到骨子里他们还是比较懦弱，害怕不这样他们就在城市生活中失去了自己的位置，好像被城市抛弃了，所以他们感到不安全，感到恐惧，他们不敢单独表达自己的行为和思想，他们只有匍匐在少数人设计的金钱游戏当中。这个金钱游戏就是用大量的商品、服务来表达，他们就成了一个纯粹的消费机器，只不过冠上了时尚达人的鲜亮口号而已。

"当然，UQ 象限的人一旦意识到这个问题，也有人会下决心改变，但有可能变到 UB 象限上去，因为他要开始找个人风格。UQ 象限的人之所以大量产生，这是社会历史的惯性，不是我们每个人能够容易摆脱的。世俗的东西像重力一样，这个魔鬼的力量如此之大，它把每个人都坠下去。也就是说我们很少有人能飞起来，抗拒重力的约束。

"今天 UQ 象限中的大部分人是在工业革命后，由现代教育、现代传播学、广告学和现代工业和现代财富制度共同造就的，并形成了社会。UQ 象限的人有两种，一种是我们讲的穷人，一种是中产阶级。富人，他们如果没有一个好的动机、好的行为习惯，他们的财富坚持不了多久，也会滑向 UQ 象限。穷人因为害怕、恐惧，没有创新、变化、付出的资本和动力，也停留在 UQ 象限。

"而中产阶级，他们往往会靠借款、靠透支来维持自己表面上光鲜的生活。实质上就是害怕落伍，想挤进所谓的'圈子'，不敢有独立的行为习惯。罗伯特·清崎讲，中产阶级一旦他们失去工作，生活质量就会大幅下降，甚至会负债或成为穷人，中产阶级迟早会消失。他的《富爸爸穷爸爸》之所以如此畅销，就是因为他成功地撕开了美国中产阶级的面纱。我们来看看书中关于穷人、中产阶级、富人的收支行为习惯表。"

一、穷人的现金流量图

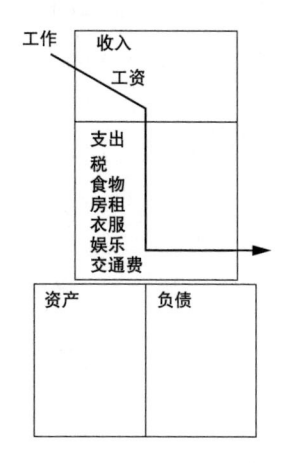

```
工作 ┐ 收入
     └─ 工资

        支出
        税
        食物
        房租
        衣服
        娱乐
        交通费

     资产 | 负债
```

UQ 象限的人每个月资金的进出也有特征，他们是有多少钱花多少钱，他们的收入很快流向支出，他们的支出由收入决定。

二、中产阶级的现金流量图

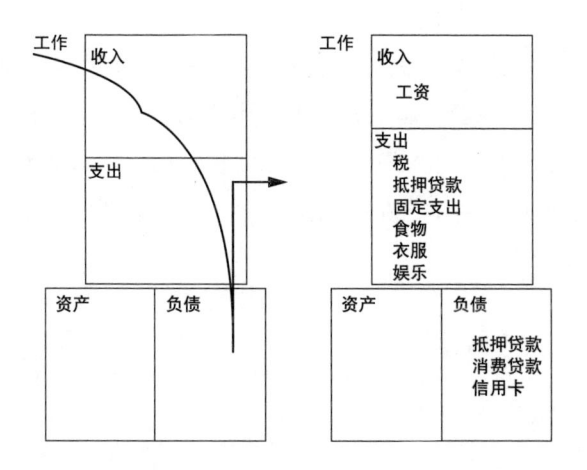

```
工作 ┐ 收入                    工作   收入
     │                                工资
     │ 支出                           支出
     │                                税
                                      抵押贷款
                                      固定支出
                                      食物
                                      衣服
                                      娱乐

     资产 | 负债               资产 | 负债
                                      抵押贷款
                                      消费贷款
                                      信用卡
```

87

UQ象限的人第二个消费行为特点是钱进来变成了更大的负债，因为他们用了自己的信用，把未来的收入提前使用，去实现他们的高消费标准，这就是中产阶级的写照。

三、富人的现金流量图

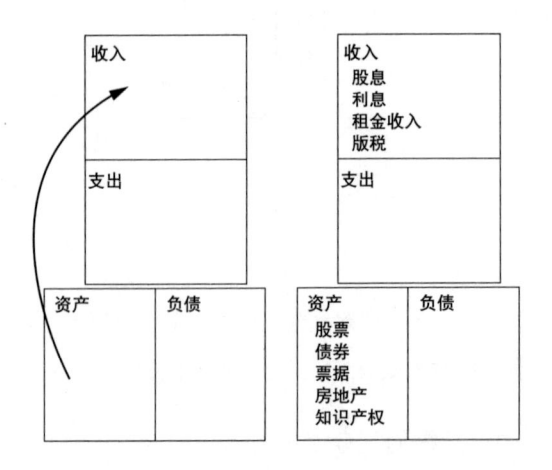

收入			收入 股息 利息 租金收入 版税	
支出			支出	
资产	负债		资产 股票 债券 票据 房地产 知识产权	负债

而在AB象限的人，其现金流是收入变成资产，变成股权，变成可以带来现金流的资产，用这些资产带来的现金流消化掉他的支出。巴菲特曾狡猾地说，美国政府对中产阶级收那么高的税，而对他这么富有的人只收较低的税。也就是说他们的税很少，大量的税都由中产阶级负担，这在中国也是一样，个人所得税大部分是由中产阶级负担的。

UB 象限人的 B

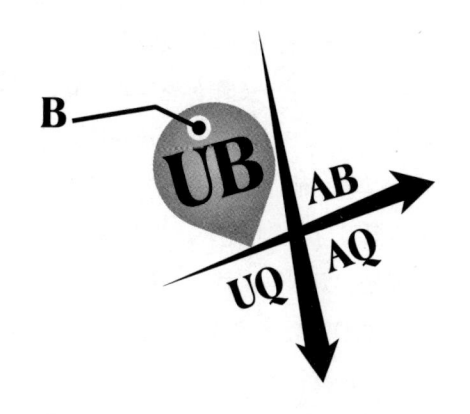

UB 象限人的语言就是大家听到最多的"我很忙、我很累、我很辛苦,但是我还要忙还要累还要辛苦"。"这几天不行,等几天再聚,我现在很忙……"他们一天恨不得见很多人,吃很多次饭,这是他们的行为。UB 象限的人自以为有了赚钱的动机,但是他们的动机是在马斯洛说的低层次的有限需求层次上,被金钱折腾得上下变化。所以这部分人最后要么筋疲力尽之后沉到 UQ 象限去,终于累了不再折腾了,认输了;要么在这个过程中学习财商——MBW,他们最需要财商,通过明白我、明白钱、明白与金钱打交道,然后调整自己和金钱打交道的方式,从行为到观念得到改变。

现在中国有几千万股民,折腾了几十年,没有任何收获,大多数人还赔钱,说到这里,张元想到了自己也是这样,好在这个农村孩子很坚强,没有被击垮,又站起来了。

杨密说:"老师,你什么时候跟我爸上一次课,他可能急需跟你谈谈,他现在很累,去年由于出口业务下滑,企业亏损,但是他还坚持做,他不像你,一会儿跑到终南山,一会儿跑到天水,一会儿跑到美国,下一次你不会跑到月球上去吧?"

我说:"杨密,有机会我一定跟你爸爸聊一聊,老师今天给你们讲的四个象限的特征,UB象限的现金流特征是花出去的钱大于流进来的钱,也就是说,他们调动了更多的资源,包括他们的身体和身体的未来,但因为不得其道,不太明白自己和金钱的法则,简单地认为天道酬勤,只要勤奋就可以解决问题。还有些人是所谓的'身不由己',他们经常爱说的话是人在江湖身不由己,给自己找借口。而且这种创富行为习惯变成了生活常态。哪天没有人请他吃饭、打牌、谈所谓的'业务'的时候,他们就会觉得空虚,这是最可怕的。也就是说,他们无法再坐到海边钓鱼,无法坐在家里看书,无法跟自己心爱的人一起旅游,他们静不下来,随时会拿着自己的手机。

"他们已经在手机上过日子,他们随时处于联络状态、生意状态,但又是非常低效的状态,这就叫作病态的金钱生活。这是UB象限的人最可悲的一点。"

"由于UB象限的人付出了巨大的时间、资本、身体成本,他们有些人在短期内还是取得了成功,碰上了好的运气,但是这些人经不起时间的考验,不会把资产传到二代三代,只能待在UB象限。"

AQ 象限人的 B

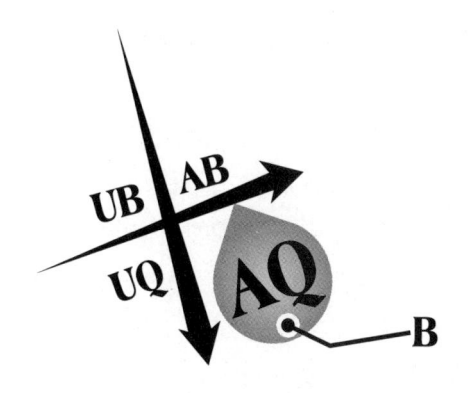

"现在看 AQ 象限人的 B。AQ 象限人的现金流动模式是中国古人说的量入为出,当然由于他们财商很高,是明白人,不仅知道量入为出,他们还能量出为入,也就是说,当他们需要钱的时候,他们会用他们能够接受或者是习惯的方式去赚到钱。

"这部分人在金钱财富的观念上,既不像 UB 象限的人那样是金钱的奴隶,也不像 AB 象限的人那样是金钱的主人,这个象限的人他们跟金钱的关系是君子关系,也即伙伴关系,他们知道金钱财富的本质,他们已经超越了金钱财富的有限交互规则。

"还有很多其他的有限世界之外的交互权利,不需要用金钱财富就可以获得。他们除了拥有有限世界的美元、人民币等而外,他们还有无限世界里超越自我的'心灵货币''精神货币''直觉货币'等。所以,他们非常富有,只不过他们的富有不是以常人理解的放在银行里的数字大小、福布斯排行榜的前后来评判的。他们在行为上绝不会奢侈、铺张、浪费,不会因为有钱而去炫耀、攀比,也不会因没钱而懦弱、自卑、恐惧。换句话说,他们不会因为金钱的多少在行为上表现出自大或自卑,他们和金钱打交道的行为是从容、自信、淡定即不慌不忙的,而且不仅他们自己,他们家庭的环境也受这样的影响。"

南希很好奇地说:"老师,那你的行为习惯在哪个象限?看来你不太像个企业家,作为企业老板你应该天天看着你的公司,有那么多事情要做,你怎么能到处走、到处逛?"

我说:"老师希望自己能做一个 AQ 象限的人,但是老师的企业现在也有很多问题要解决,老师还是一个正在从左边象限到右边象限的人。人一辈子做一件事情,明白一个道理,把自己变成一个明白人就很知足了。同样,和金钱打交道也是如此。一个人的生命很短暂,能够在有限生命里找到一种方式,弄清楚和钱打交道这些事,找到平衡,悟出自己的财富动机,不管是在北京地铁出口看到那么多人,还是在美国的海边看到这么少的人;无论是看到贫困地区孩子们渴望的眼睛和小镇上疲惫的人群,还是大城市里拥挤的路人与车流,金钱生活已经是今天每个人主要的生活方式之一,我们如何处理好,这也是老师的困惑。所以,老师把这个事业和企业结合起来做,也算是一个创新,也算对自己困惑的一个开解。

"所以,才有了财商教育,才有给你们的这一系列课程。你们的行为习惯在哪个象限,你们自己应有一个反思,然后找到从左边象限到右边象限的方法。本书中有一些方法讨论如何克服左边象限人的恐惧、懒惰、爱占便宜、不敢付出、没有勇气、不想改变、从众、盲目等的行为习惯,特别是一些消费行为习惯。当然这里面核心的是我们关于金钱财富的观念,这个观念改变了,可能行为也就很容易改变了，但观念改变是很难的。今天我们同样要说，不管哪个国家，在财富管理与创造方面要赶上或超过美国也是一件不容易的事情，因为有很多行为习惯不是一天两天就能改变的。

所以，在行为习惯当中，最重要的就是我们的观念，我们的观念能不能理性地处理金钱关系。至于怎么样从左边象限到右边象限，我们接下来总结一下。"

左右象限行为习惯的转变法则

UB 象限的人，他们做的说的都比想的多，当然他们想的可能会想偏了，不是想到正道上的，所以，他们会比较浮躁，最怕的就是空闲，而一直让自己处于忙碌状态。他们相信天道酬勤，相信努力，相信奋斗，但是他们因为不得要领，所以就像穿错鞋、嫁错郎一样。忙碌变成习惯以后，他们更难休息下来、更难冷静下来。当忙碌不能带来高效率的时候，他们会将这种负面情绪传染到他所生活的环境，不管是他的企业、家庭还是孩子的教育等，都会受到影响。所以，从效果来说，UB 象限人的行为是最不可取的。当然，就像任何事物都有它的另一面一样，UB 象限的人当他们在思维上、观念上有了正确的突破以后，会有快速的效果，因为他们有些好的行为习惯。而 UB 象限的人，观念上最大的挑战是克服恐惧、固执、偏见、不安全。

对于 UQ 象限的人来说，他们想的说的做的似乎都比右边象限的人要慢一个节拍，他们更愿躲在人群中，让人群、让大众带给他们安全感、带给他们舒适感、带给他们懒惰的幸福。所以，他们经常爱说的话就是"你看别人怎么样怎么样"，做的事情也是看别人做了什么他们也做什么，比如说购物的时候喜欢排队买打折商品，因为别人在排队购买。

所以，他们是从众的，在观念上更不敢标新立异，甚至怕自己打破常规的念头冒出来，他们就是典型的劳力消费者。

而 AB 象限的人，他们的观念、想法，他们语言的表达，他们做事的方式，都是统一和谐的，而且这种统一和和谐不是处在静止状态，而是动态的和谐。他们经常会打破自己的观念，挑战自己的生活方式，他们会勇敢地从一个城市搬到另外一个城市。在生意上，他们会去创造客户需求，引导大众需求，他们敢于盘活自己潜在的资源，突破这些平衡，他们不要这种慵懒的平衡和脆弱的平衡。

1. 他们不断挑战，制造新的问题，不断给市场带来惊喜也给自己带来惊喜。通过这些过程，他们不断地了解钱、了解与钱打交道的方式，也了解自己、训练自己的财商、摸索自己人生的轨迹。

2. 他们喜欢财富，也喜欢创富的过程——事业。他们用过程来证明自己的财商和证明自己的能力。他们更在乎这个过程所取得的各种效果,他们理解财富的本质就是交互权利,他们用财富这种手段极大地满足自己和外界、和他人、和社会、和自然交互的体验、快感、荣誉和成就。他们对创造和破坏的力量都情有独钟,也都有能力去驾驭。

3. 他们直面问题,心智成熟。即使遇到问题,他们会直面,他们是心智成熟的一群人,而不像左边象限的人在遇到问题以后会把所有原因推向他人,他们会从自己身上找原因。左边象限的人会把原因推给社会、推给家人,甚至左边象限有些人会把问题虚无化,或者后退逃避,或者找另外一种问题去掩盖。总之,他们是问题的创造者,但也是问题的解决者,这就是他们的人生。

4. 他们享受孤独。他们想、说、做的方式,经常会显得很孤独,甚至在相当长一段时间里他们都不被人理解,他们知道这是获得自由的生活方式需要付出的代价。他们不会拥有常人那种世俗的、简单的安逸和快乐,他们不会满足于这个。所以,他们接受孤独、失败、挫折、悲伤和痛苦。

5. 他们挣钱和花钱的生活方式合一,不为钱工作。即他们的平时开支是通过资产带来的现金流或被动收入(股权、版税、地租等),投资也是他们的生活方式,这种生活方式就在挣钱。

在 AQ 象限的人,他们想的、说的、做的,无论是从静态上还是动态上都达到了高度的和谐。所有的动态变化,都在他们的掌控之中,在动态的宁静中,面对外界的各种扰动和内心的各种波澜,从容安静,恬淡自如。他们既可以过大富大贵的日子,也可以过萝卜白菜的普通日子。穷,独善其身;达,兼济天下。可上可下,荣辱不惊，出入自在，他们已经超越了环境对他们的制约，他们与环境已经不存在谁是谁的主人，不是有限二元世界中的非黑即白关系，从而达到了与金钱的伙伴和谐的关系，他们与金钱财富是一种君子关系，一种仁的关系，做到了"君子不言利"的财富自由。

杨密接着问我："那我们怎样才能让我们的想、说、做，特别是消费方式，能够从左边象限到右边象限？我们怎样才能克服内心的恐惧，变得更加自信，不说消极的话，不回避问题，积极面对问题，享受孤独？怎样理性和直觉都能利用起来，既有理性地对成本、代价、取舍的分析，又有直觉地对美好动机及效率的把握？"

我说："记住两个字，环境。所以从现在开始，你们要想办法改善自己的环境，就像我们常说生活是最好的老师，社会是个大课堂一样，你们在学校里学了很多东西，但那些都仅仅是知识，从知道到做到再到变成你的行为习惯，这是需要环境的。需要在一个MBW都是正能量的环境中，在想、说、做的正能量的环境中，改变观念，发挥天赋，逐渐让自己心智成熟起来。

"如果一个人在你们老家偏僻的山村里，在那样的环境中，是不可能让他有强烈的创富动机，也不可能有比较好的关于金融、消费、投资等方面想、说、做的行为习惯的，更没有好的路径。这些我们下堂课来讲。

"假如这个人从偏僻的山村到了大城市，环境变了，他的生活方式变了，圈子变了，他的动机、他的行为习惯也跟着改变，向积极的方面改变，那就好。比如京东的总裁刘强东，他如果不离开江苏的农村，就永远不可能有今天。我所知道的富人，他们一定都变换过他们生活的环境。所以，既然你的心理已经变了，就像'富爸爸'说的境由心生,那你的环境也应该发生变化。

"从现在开始你要真想改变,首先就要改变你生活中的朋友构成,有些人可能暂时从你的名单里划掉,不是说你跟他们没有感情,而是他们不利于你 M、B 的改变,不利于你动机的形成和行为习惯的养成,要果断地跟他们暂时说再见。这就是你要付出的代价。"

1. 你要确定新名单。拿出笔和纸,划掉一些老关系,确定一些新同事、新朋友。

2. 你生活的行为习惯。你会写上购物消费的一些行为习惯,比如说是不是有占便宜的心态,总喜欢打折的时候买东西,是不是也喜欢跟别人挤和抢,总处于慌乱的状态。确认哪些东西要去掉,哪些东西要留下来?

3. 写下十句你经常爱说的话。在各种场合,如卖车的、卖房的、卖旅游产品等消费地点,还有在银行、股市、菜市场、学校、补习班等地方爱讲的话,这里面该改变的也要改变,这也是要付出的代价。这需要你的勇气。

大部分人很难做到这些,因为这样做与传统价值观和一些民俗民情有冲突。大部分人不改变,这就形成了我们几千年稳定的历史、文化,这是另一个话题了。

付出金钱和精力不是最难的,最难的是让你付出观念、付出行为习惯。从环境改变开始,你的 B 和 M 就可以改善,要向右边象限的特征去改善。

我接下来给同学们列出了金钱生活左右象限的一些行为习惯特征:

左边象限的人更倾向于或习惯于在不明白中完成人生

懒惰、恐惧、不自信、盲从、害怕独处。

不喜欢独立思考、冲动、不谦卑、不爱学习（即投资自己）。

理性能力差、愿意相信熟人而不相信科学。

不舍得、吝啬、回避问题、抱怨、怕吃苦。

脆弱、总向外找原因、缺少爱、意志力薄弱。

无理想、生活缺少规划也缺少发现。

倔强或无法换位思考、不愿分享。

经常慌张、兴趣散乱或没有、攀比、虚荣心重。

……

右边象限的人则在追求各种事物的明白和意义上展开人生

有空杯心态的自信、善于独处并享受、以问题为中心。

创新生活、敢担责任、有大爱之心。

勇敢面对、承认自己的不足和有限。

不跟风、可以接受外界的批评与责难、有对事物不二的思考。

重视理性与非理性、有冒险精神、情商高、善与人分享。

行动力强、有不断否定自己和学习的精神、直觉强。

享受多种爱好、自由自在、善于倾听和观察。

从容、淡定、坚强、有合作精神。

具有成长性动机，有理想、坚持过程与目的的一致性。

常有人生的高峰体验，自主、鉴赏能力强、对美与和谐敏感。

珍惜人生、热爱生活、努力追求人生和宇宙的各种意义，将过程融入生命、变成习惯或人格。

……

几点建议

1. 玩现金流游戏，与不同的人玩不同的职业。

2. 结交几个正能量的新朋友。

3. 参加财商学习班。

4. 开始记账，培养耐心与对细节的敏感。

5. 减少冲动消费。

6. 进行一次疯狂购物体验。

7. 投入一个项目或加盟一个品牌，训练销售能力，给自己定一个指标。

8. 找一个平台，训练自己的领导力。

9. 做几次义工或慈善活动。

10. 做训练自己意志力的活动，如每天跑步等。

11. 训练专注力与享受孤独，如思考、抄经、听音乐等。

第五课

创富路径 W

有哪些创富路径？

一晃眼，到了大四下半年，没什么功课，杨密准备实习，就决定先回重庆老家，跟父亲聊一聊，也想看看父亲的企业。他不像以前那样偏执，庆幸自己没有简单地卷进创业的热情当中，他知道班上有一些同学，为了显摆、炫耀，当然也是满腔热情，去创业，结果几乎全部失败。

有人在网上开了一个淘宝店，损失了几千块钱；有人匆忙去进货来卖，损失了几万块钱；还有的损失几十万，尽管有些家庭对几万、几十万不当回事，但是他还是觉得这些人应该在这之前做做财商训练，在投资、创业之前把有些事弄明白。"双创"对有财商准备的年轻人是一个机会，但需要明白地去把握。现在冷静下来，觉得行为习惯当中最重要的就是理性，理性不仅可弄明白自己，也能明白这个金钱世界。

杨密回到父亲公司后，父亲非常高兴，认为老同学帮了大忙，终于可以交给儿子打理公司了，这么多年的疲惫经营，虽然赚了一份家业，但也常常身不由己，特别是去年经济下滑给他带来的影响。看到儿子能够回心转意，他很高兴，单独与儿子在外面吃饭、喝酒。

杨密说："老爸，中国不少民营企业都失败了，有的活两三年就没了，有的半年就没了，而你的企业活了十多年，解决了几十人的就业问题，也挣得了这份家业，不容易。我也想更多地了解一些。老爸，我希望你找个时间去北京，和老师见个面，你们聊一聊，看一看下一步怎么办。"

杨山说:"是,如果你找到感觉就好好经营这个企业,找不到我们就要想办法处理它。你下一步是想创业还是想出国读书,这都没有问题,老爸可以支持你。你能说出负债、资本、价值、商品、销售利润、员工管理、市场风险、边际效益这些概念,这让老爸很高兴。你也看到了,中国的经济正在转型,有些机会正在出现。儿子,你在关注财经,我很欣慰。老爸会找机会到北京和老同学见面,看看我的企业怎么办。"

杨密说:"那我先干干再说。"

这样,杨密便留在父亲的企业里干了几个月,并继续接受财商培训。

南希在受了打击后,急于找到自己重新站起来的路径,这次真的理解了老师说的 B 和 M 的重要性。她目前的动机明显是在这次打击中被激活了,上次和我一起去甘肃天水考察,也看到了一些现状,看到了一些机会。南希本质上还是一个善良的女孩,这触动了南希想为那些孩子做点事情的想法,所以南希想到了欧阳光华的音乐事业,她想在第五课来听听我怎么介绍创富的路径——W。

获知杨密回到了重庆,在他父亲的公司实习,我决定去一趟重庆,好久没有见同学了。杨密把南希和欧阳光华、张元都叫到了重庆,这一次老同学杨山也一块过来了。课堂上杨山没怎么说话,我和其他四个孩子在一起讨论 W 的问题。

我说:"我们先看一看四个象限,所有的创富路径我们把它分成三大类:第一类是动产,第二类是不动产,第三类是企业。在动产上，UB象限人的动产，他们可能持有股票。"说到这，杨密插嘴道："现在很多盲目的人都是被股票搞得精疲力竭，中国怎么有这么多人炒股票？"张元低下了头，他最近的股票赔得很厉害，这都是他东拼西凑弄来的钱啊。

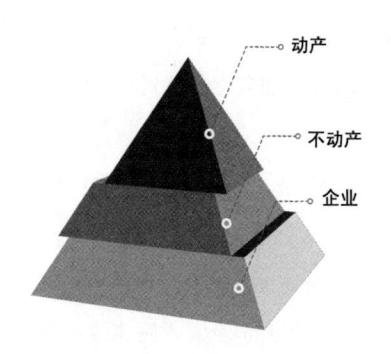

动产
不动产
企业

"亚洲人喜欢赌，再加上中国的股票市场不太规范，著名经济学家吴敬琏曾讲，中国的股市就像一个赌场。UB象限的有些人还做外汇、炒期货，因为这比较疯狂、节奏比较快，也比较折腾。在UB象限里，还有人会做一些收藏，他们会利用这些收藏去疯狂炒作，就像荷兰曾经炒郁金香，中国曾经炒过君子兰一样。中国人特别爱炒的石头生意，这让外国人挺不能理解的，石头的收藏价格怎么能炒到那么高，当然这跟中国文化有关系。"我解说道。

欧阳光华马上插上来："所以说这是金钱和文化的关系。"他父亲虽然是一个音乐家，但也喜欢做艺术品收藏。

杨密说："是，张元为了快速挣钱，还在家里亲戚朋友那里借钱去炒股，后来赔了很多钱，不知道你现在怎样？"

张元瞥了一眼杨密:"你哪壶不开提哪壶,你们是生活过得比较宽裕。我家里需要钱,上次父亲生病了也是到处借钱,既然我知道炒股可以赚钱,我为什么不可以借钱去炒股?甚至用杠杆?"

南希说:"你又错了,你这是典型的为钱而工作。"

张元反驳道:"我当然要为钱工作了,因为我需要钱。"

我说:"是,就像右边象限的人明白,刚开始都是为钱工作,但是他们是逐步明白这个游戏规则的,只是把为钱工作当成一个阶段。由于你太着急,着急去为钱工作,着急挣钱,去证明自己,所以你用了杠杆,借了钱,现在你知道这个给你造成多大的损失了吗?最大的损失是你对炒股失去了信心,还有你的自信心,以及你在同学朋友之间的信誉,我不知道大家以后还敢不敢借钱给你。"

张元说:"我认为他们还会借给我,因为我比他们更有创富动机,我更愿意改变,只要老师你帮我改变,你让我怎么加班都可以。"

我说:"错,不是仅靠勤奋就能培养出好的创富路径,一个人有足够的付出一定会有收获,但这个付出要理性。张元,不管你用什么方法快速挣钱,证明自己,一定要注意要有理性,不要病急乱投医,随便找一个路径去投入、去付出。就像你这次炒股一样,非理性的操作,最后损失这么大,不过这也没有关系。让老师感到欣慰的是这么大的损失,你张元没有被打垮,反而变得更加坚强,这是老师看好你的一点。"

杨密这时候看了一眼张元,觉得这个同学还是很倔强的,看来他以后可能真的有前途,这让杨密想起了现在京东的老板刘强东,越挫越勇，最后吸引了大量的投资人，不知道张元行不行。

这时候我说："张元，你现在最需要的是在创富行为习惯上增加理性这一面。你有强烈的匮乏性动机，在这种动机的支配下需要对你的创富路径进行客观的分析，刘强东也是从农村出来的，他可能跟你一样，有不服输的性格，即使他的企业每年都在亏损，但还有大量的投资人给他投资，因为他有明确的动机和行为，不断扩大自己的影响和市场占有率，他终于在中国的物流市场和电子商务市场占据了非常重要的位置，而且他现在还把京东的网络商场延伸到广大农村，也帮助了更多的农村地区。"

说到这，我接着说："张元，你可以组织一下，如何让家乡的土特产品通过互联网来扩大销售，你可以干这个事情。"

张元回应道："老师，你这个建议非常好，我现在正在加入一个农产品的网络销售公司，也就是让偏远地区的农产品，通过宣传和包装，走上城里人的餐桌，让他们直接可以购买山里面这些天然的东西，他们认为这些东西没有污染成分，没有转基因，吃着放心。同时还提供一种文化体验，因为城里的人，他们有些人像我一样有过农村经历，很怀念那些时光，他们有时候还经常带着全家人到农村进行体验。我想从事这个事情，不知道老师你认为怎么样？"

我说："非常支持。老师想问一下，你想把农村的那些东西变成城里人的消费，甚至城里人的一种生活方式，你有兴趣还是你仅仅想赚钱？"

张元这时脸红了，说："老师，你不要认为我只想赚钱，我已经听过你几次课了，我不想当钱奴，不想为钱工作，但是我确实很需要钱。这个事情我除了认为它能赚钱以外，主要的还是我觉得这样做有价值，如果我帮助老家的人把那些核桃、木耳卖到城里，那我觉得他们也会感谢我，觉得没有白白送我上大学。这是我想做的事情。我现在已经加入打造'幸福农村生活'品牌的项目，帮助他们进行策划和包装。他们已经陆续地把云南、四川，甚至包括泰国农场里面的东西运到城市里。这样使山里人的收入提高了，我觉得这是一个很有意义的工作。这个公司还有一个幸福的农民，他热爱这种把乡村的生活方式传递到城市里去的方式。他们每周都在北京世纪城把大量的农产品配送给小区的居民，有的人已经接受配送农产品上门这种形式了，从大米、玉米面、牛奶、香蕉、苹果到草莓、蓝莓、菠萝等。"

我说："老师很支持这个项目，看得出你从这个项目中找到了自信，通过这个项目，你的家人和朋友也会找到他们生活的自信，而不只是短期赚钱的行为。"

我心中默想，这个小伙子也许真的能走到右边象限中的AB象限，但是他必须培养自己理性从容的行为习惯，不要让匮乏性的动机影响了自我成长性动机，希望他在这个"幸福农村生活"项目中找到自己的价值和意义。

UB 象限人的 W

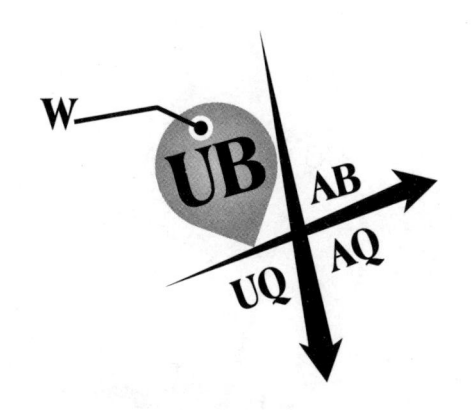

一、偏好短平快的项目，如现金流好的动产项目

UB 象限的人在动产方面涉猎较多，如股票、期货、外汇、黄金等；在不动产上，UB 象限的人参与比较少，即使他们有房子和车子，也会把房子和车通过抵押变现，然后去炒作。

二、持有小企业多、杂，效益不好

在企业投资方面，UB 象限的人经常会有好几个企业，这些企业都比较小，生存困难，他们会拥有一些企业的股权，但是这些股权带来的收益差。

三、自认为很现实、接地气

由于他们的动机不清晰，他们的行为习惯有矛盾，他们把自己定义为很现实的人，也就是为钱打工的人，认为这是最实在的，这样只能做到中小企业规模，即使做到大企业规模，也维持不了多长时间。

UQ 象限人的 W

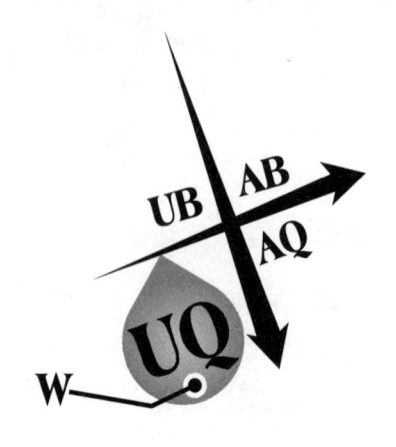

一、储蓄为主

UQ 象限的人在动产投资上主要是依靠储蓄。主要的动产资产是储蓄和一部分债券或者黄金、首饰等。

二、自住的房子

在不动产上，他们主要投资自住房，而且很多房子还是一次性付款。

三、不投资企业

UQ象限的人几乎不投资企业，他们很少去投资股权，因为从风险角度来说，企业的股权风险是最大的，但是企业的股权又是增值最快的，资产扩张最快。

四、动机以寻求安全感为主

UQ象限的多数人是中产或者是工薪阶层，他们主要的动机都放在寻求生存、安全、爱和归宿上。

五、偶尔炒股，喜欢做保险等理财产品

UQ象限的人偶尔也会炒炒股票，选择一些市场上时尚的理财工具，包括在动产上会做很多保险投资，这是多数工薪阶层做的事情。最后，他们可能都没有用到这些保险。所以美国作者罗伯特·清崎在《富爸爸穷爸爸》里说的美国401K计划就是一个大骗局，公司拿出一部分钱、个人拿出一部分钱存在那，作为退休社保金。保险人员最先就是从UQ象限的人身上入手的。

与UQ象限的人相比，UB象限的人几乎不做保险，只是投资企业，UQ象限的人是不投资企业的。当然，他们因为都在左边象限，所以说市场上一些时髦、时尚的投资理财的手段和工具他们都会参与，因为他们会跟风。

六、中产阶层透支消费信用

中产阶层的人因为有比较好的教育背景，找到了一份收入相对

稳定的高收入工作，因此有较好的信用背景。各大金融机构、消费公司会充分放大中产阶级的自我感觉和消费体量。他们可能拥有很多银行的信用卡，透支自己未来的劳动。

AB 象限人的 W

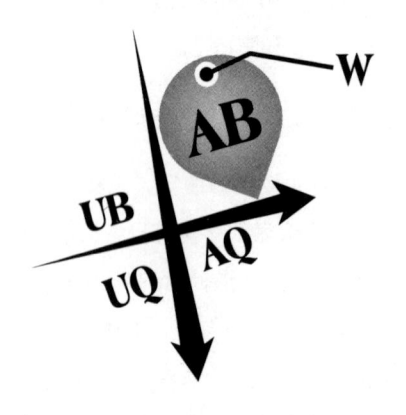

一、拥有股权或股票，很少储蓄

AB 象限人的 W 在动产上会投资部分股票，因为股票的流动性好，也满足部分 AB 象限人的好赌心理。这些人往往还持有股权投资、基金、保险，他们几乎没有储蓄（不超过资产的 5%）。

二、现金流由资产带来

他们的现金流、日常的开支主要是靠他们的资产带来的现金流，比如不动产收入、房子出租带来的现金流、企业股权带来的分红、自己的著作带来的版权收益或者是自己的品牌带来的品牌收入等。

三、对不动产、股权等资产的偏好

所有 AB 象限的人他们 W 的路径主要是企业的股权,还有房产一类的不动产和一些金融资产。

四、找到了创富的事业

喜欢与生命融为一体的创富过程。

AQ 象限人的 W

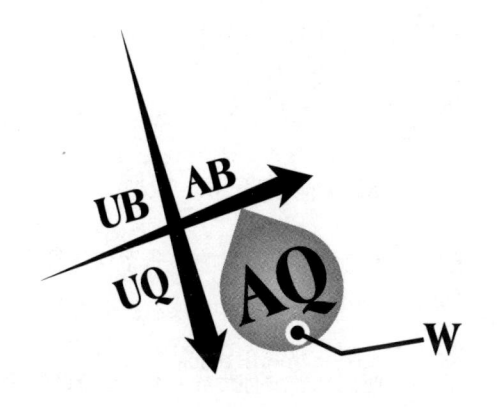

一、不为钱工作,与金钱是君子关系

表面上看来他们和 UQ 差别不大,但是实际上他们是超越了动产、不动产和企业的界限。换句话说,不管是动产、不动产还是企

业，都是他们的伙伴，需要的话，他们用这种伙伴、用这种工具来让自己收支平衡。

二、量入为出，并量出而入

量入为出指根据自己的收入来规划自己的支出，这是中国伦理价值观一直倡导的财务行为。量出而入指的是根据自己生活质量的要求所需要的开支去主动地创造相应的收入。量入为出并量出而入可以让人拥有自由自在的财务生活，他们有更大的空间寻找超越有限交互世界的无限体验、智慧，最后找到自己的位置，安详、和谐、理性、宁静。

三、知道财富的本质是交互权利

他们的交互力量超越了货币的界限。

富爸爸的 ESBI 象限

在这堂课上，我给他们推荐了"富爸爸系列"图书，又带着他们玩了游戏。在富爸爸的系列丛书中，所有获取收入的路径可以分为四个象限，这是罗伯特·清崎创建的。

E象限是打工者，S象限是自由职业者，B象限是企业主，I象限是投资人。每个人获得收入的方式都必然是在这四个象限之中，或者是同时处在当中的某几个象限。

现在很多人都处在E象限和S象限，读过"富爸爸系列"图书的人都想到右边象限，即B象限和I象限。而且在"富爸爸系列"图书中，作者一再说只有通过右边象限获得被动收入才能获得财富自由。

这个很难落地，因为左边象限的人尽管知道要去右边，但是因为他们的思维习惯、说话习惯和行为习惯，即他们的MBW，所以他们必须牢牢抓住自己的那份工作，必须去挣那份工资，但又认为挣工资都是在为老板工作。读过"富爸爸系列"图书的有些人会有一种矛盾心态，一方面认为这个不是自己想要的，另外一方面又不敢放弃工作，这部分人其实在单位上工作得并不好，也得不到老板的赏识。他们既没有找到自己的创富路径，也没有在单位得到晋升的机会，他们在迷惑，没有找到改变的方向和方法。

我要告诉大家，很多读者没有成功致富并到右边象限去，那是因为他们还不知道左右象限的根本区别是MBW。如果这个不明白、不改变，那么即使再努力也只能成为UB象限的人——一个不明白而忙碌的人，或者是只明白金钱规律不明白人性的人。我在总结大部分人创富的经历后提出了金钱生活四象限的划分，并指出左右象限的根本区别在于"明白"二字，即明白财商，明白MBW。

实际上，四个象限都能让你获得被动收入，都能达到财务自由。即使在E象限，在今天股权激励机制越来越发达的现代企业管理体制中，对于公司有杰出贡献的人，老板只会更加依赖和信赖他，会考虑给他股权。那样他就不再是打工者了,他将变为股权拥有者。因为老板希望用这种方式让他发挥更大的积极性。

同样,S象限也是,通过财商智慧,会在他工作范围之内找到更大的市场需求,组织相关的人,成立相关的公司和项目,可以通过这种方式获取自己的被动收入,扩大自己的资产,实现财务自由。

ESBI的每个象限都有可能成为自己最适合的路径之一,主要是找到不为钱工作的路径,这个要你自己去试、自己去体验,特别要和你的B和M结合起来。当你是一个动机非常清晰强烈的人,如果条件成熟,你可以做自己的公司,因为所有的财富创造者,包括好的品牌,都是公司所创立的。如果你是一个行为习惯很理性、很精明的人,也可以选择I象限,可以去找一些理财产品,做一些金融投资、风险控制投资等。如果你是一个B和M都比较中庸的人,那么你也可以考虑在S象限,也可以考虑在E象限。不管怎么样,在每个象限中都能够获取你的财务自由。

动产及其投资工具

(仅供参考)

一、什么是动产?

所谓动产,是指可以移动的并且移动后不影响物品的价值和效用的财产。动产包括设备、存货、农产品、不动产附着物、待砍伐的树木、待开采的矿物、应收账款(包括那些被出卖的)、票据、物权凭证、出租的有形动产及担保物的收益。

二、十大动产投资工具

1. 储蓄

储蓄是指将资金的使用权暂时让渡给银行等金融机构,并能获得一定利息的一种理财工具。此类投资风险和收益较低,流动性强,投资门槛低。

> 分类:活期存款、定期存款(包括整存整取、零存整取、整存零取、定活两便、存本取息等)。
> 评述:理财必备工具,任何理财的基础都来自于储蓄。

2. 银行理财产品

银行理财产品是指银行以高信用等级人民币债券的投资收益为保障,面向个人客户发行的低风险理财产品。相比存款收益更高,更为灵活,当然个人也必须承受一定的风险。

> 分类:根据预期收益的类型,可分为固定收益理财产品和浮动收益理财产品两大类。
> 评述:相比大多数理财工具,银行理财产品风险可控,收益较稳定。

3. 股票

股票是股份证书的简称，是股份公司为筹集资金而发行给股东作为其持股凭证并借以取得股息和红利的一种有价证券。

> 分类：按股东权利分类，分为普通股、优先股和后配股等种类。在我国上交所与深交所上市的股票都是普通股。
>
> 评述：股票是一种永不偿还的有价证券，可转让、买卖或作价抵押，是资本市场的主要长期信用工具。

4. 基金

基金是指一种利益共享、风险共担的集合证券投资方式，即通过发行基金份额，集中投资者的资金，由基金托管人托管，由基金管理人管理和运用资金，从事股票、债券等金融工具投资。

> 分类：根据投资对象的不同，分为股票基金、债券基金、货币市场基金、期货基金、期权基金、指数基金和认股权证基金等。根据基金单位是否可增加或赎回，分为开放式基金和封闭式基金。
>
> 评述：这是一种间接的证券投资方式，组合投资，分散风险。

5. 保险

保险简单地说就是保障。它保障我们在受到意外或生病时获得一定补偿。这是一种投保人支付保险费，保险人承担给付或赔偿保险金责任的合同约定。

> 分类：按保险保障范围，分为人身保险、财产保险、责任保险和信用保证保险。根据是否盈利的标准，可分为社会保险和商业保险。
>
> 评述：个人风险管理的核心工具，理财必备基础工具，作用不可替代。

6. 期货

期货交易是在现货交易的基础上发展起来的，是通过买卖标准化的期货合约而进行的一种有组织的交易方式。期货交易的对象并不是商品（标的物）的实体，而是商品（标的物）的标准化合约。

> 分类：主要分为商品期货和金融期货。前者是指标的物为实物商品的期货合约。金融期货是指以金融工具为标的物的期货合约。
>
> 评述：这是一种重要的投资工具，可转移价格风险或获取风险利润。它具有发现价格的功能，有利于市场供求和价格的稳定。

7. 收藏

收藏实际上是一种信息储存手段。收藏学是一门综合性和边缘性学科，其涉及面非常广。"收藏是一项与时间、空间共守宁静的活动，它能丰富人们的精神世界，提升审美水准，陶冶性情，补偿人们性格上的差异和心理上的缺陷。"

> 分类：广义的收藏包括国家收藏和私人收藏，即"公藏"和"私藏"。按收藏的对象，分为邮票邮品、货币（纸币、金银纪念币、流通纪念金属币等）、玉器、艺术品（古玩、书画等）、票券、徽章和其他。
>
> 评述：不便于携带，不便于大宗交易；兴趣爱好和投资理财兼顾，入行门槛按收藏品类别可高可低；具有周期性市场特点。

8. 贵金属

贵金属包括黄金和白银。黄金和白银是财富的象征，黄金和白银投资既包括实物产品，也包括与实物产品相关的衍生产品。

> 分类：零售的产品有金条、金币、黄金存折、纸黄金、纸白银等。此外还有期货、期权、借贷等衍生产品。

> 评述：虽不再与货币挂钩，仍是储备的重要对象，是最值得信任并可长期保存的财富，是抵御通货膨胀的最好武器之一，套现方便；但若不形成对冲，物化特征过于明显。

9. 外汇

外国货币如果被称为外汇，首先是能自由兑换，或者该货币能重新回流到它的国家，且可不受限制地存入该国任意商业银行的普通账户，在需要时可任意转账。

> 分类：按其买卖的交割期，可分为即期外汇和远期外汇。在我国外汇银行业务中，还经常要区分外汇现汇和现钞。
>
> 评述：这是一种风险对冲工具或风险投资工具，可规避单一货币的贬值和规避汇率波动的贬值风险，或从交易中获利。人民币尚未实现自由兑换。

10. 债券

债券是社会各类经济主体为筹资而向债券投资者出具的，并承诺按一定的利率支付利息和到期偿还本金的有价证券。

> 分类：按发行主体，分为国家债券、地方债券、金融债券和企业债券；按偿还期限的长短，分为短期债券、中期债券和长期债券。按发行方式，分为公募债券和私募债券。
>
> 评述：债券是直接融资的凭证，一种表明债权债务关系的凭证，并具有相应的法律效力。

不动产（房地产）投资工具

（仅供参考）

一、不动产的概念

不动产（immovable property）是指依自然性质或法律规定不可移动的财产，如土地、房屋、探矿权、采矿权等土地定着物，与土地尚未脱离的土地生成物，因自然或者人力添附于土地并且不能分离的其他物。包括物质实体和依托于物质实体上的权益。不动产作为自然物的特性有：

1. 不可移动性，又称位置固定性，即地理位置固定。

2. 个别性，也称独特性、异质性，包括位置差异、利用程度差异、权利差异。

3. 耐久性，土地不因使用或放置而损耗、毁灭，且增值。我国土地有使用年限。

4. 数量有限性，又称供给有限，土地总量固定有限，经济供给有弹性。

二、房地产投资简介

房地产投资形式多种多样，房地产开发企业所进行的房地产开发是人们最熟悉的一种类型；为了出租经营而购买住宅或办公楼也是相当普遍的房地产投资类型；将资金委托给信托投资公司用以购买或开发房地产也是房地产投资；企业建造工厂、学校建设校舍、政府修建水库等，都属于房地产投资。尽管它们表现形式各异，但它们都有一个共同的特点，即具有"现在的某些利益"。这是指即期的、确定性的利益，但预期收益却要到未来才能实现，而且这种未来收益在时间和总量上都难以精确预测。所以，在房地产投资决策中，估算总成本和利润的同时还应考虑时间因素。只有在比较项目收益和支出的总量与时间的基础上，并考虑预测的置信水平时，才有可能做出合理的投资决策。

另外，在市场经济条件下，投资者往往同时面对多种投资机会，虽然各个投资机会的即期支出相对容易确定，但是它们的未来收益却是难以确定的；而且，投资者在决策之前，往往会发现诱人的机会常常不止一个，但投资者可资利用的资源却总是有限的。所以，这时就需要有一种方法能够对各种投资方案进行评估，帮助投资者在各种限制条件下，包括来自管理部门的有关限制条件等，将可承受的风险与所要求的资产流动性、投资组合平衡，使得最终所选择的投资项目获得最大的效益。

三、房地产投资的特征

1. 房地产投资对象的固定性和不可移动性

房地产投资对象是不动产,土地及其地上建筑物都具有固定性和不可移动性。土地上的建筑物及其某些附属物一旦形成,也不能移动。这一特点给房地产供给和需求带来重大影响,如果投资失误会给投资者和城市建设造成严重后果,所以投资决策对房地产投资更为重要。

2. 房地产投资的高投资量和高成本性

房地产业是一个资金高度密集的行业,投资一宗房地产需要少则几百万元、多则上亿元的资金。这主要是由房地产本身的特点和经济运行过程决定的。

3. 房地产投资的回收期长

整个房地产投资的实际操作,就是房地产整个开发过程。对每一个房地产投资项目而言,它的开发阶段一直会持续到项目结束,投入和使用的建设开发期是相当漫长的。房地产投资过程中要经过许多环节,从土地所有权或使用权的获得、建筑物的建造,一直到建筑物的投入使用,最终收回全部投资资金,需要相当长的时间。

4. 高风险性

由于房地产投资占用资金多,资金周转期又长,而市场是瞬息万变,因此投资的风险因素也将增多。加上房地产资产的低流动性,不能轻易脱手,一旦投资失误、房屋空置,资金不能按期收回,企业就会陷于被动,甚至债息负担过重,导致破产倒闭。

5. 环境约束

建筑物是一个城市的构成部分，又具有不可移动性。因此，在一个城市中客观上要求有一个统一的规划和布局。城市的功能分区、建筑物的密度和高度、城市的生态环境等，都构成外在的制约因素。房地产投资必须服从城市规划、土地规划、生态环境规划的要求，把微观经济效益和宏观经济效益、环境效益统一起来。只有这样，才能取得良好的投资效益。

6. 低流动性（变现性差）

房地产投资成本高，不像一般商品买卖可以在短时间内马上完成，轻易脱手，房地产交易通常要一个月甚至更长的时间才能完成；而且投资者一旦将资金投入房地产买卖中，其资金很难在短期内变现。所以，房地产资金的流动性和灵活性都较低。当然，房地产投资也有既耐久又能保值的优点。房地产商品一旦在房地产管理部门将产权登记入册，获取相应的产权凭证后，即得到了法律上的认可和保护，其耐久保值性能要高于其他投资对象。

7. 合作性强

房地产投资合作性非常强，需要多个部门。

8. 回报率高

这个无须多解释，炒房致富的例子太多。

课上完以后，我和杨山到了重庆江边去吃火锅。杨山说："你好久没有回重庆了。"

看着窗外灯火通明、车水马龙的夜景，我不由自主地感慨道："重庆真漂亮！"从南山看下去，两江交汇于这座城市，全城灯火通明，高楼鳞次栉比。

　　一会儿各种各样的火锅料就配齐了，传统的火锅，充满了牛油味，会吃火锅的人一定要吃牛油锅底的。我们要了几瓶啤酒，一边喝一边聊。

　　杨山说："这么多年，大家都忙着做生意，不管是为了挣钱还是为了做事，见面的机会比较少。现在不知不觉我们都老了，孩子也长大了，要工作了。这么多年，自己这个企业也算一点点做起来了，现在也有5000万元的资产，一家也算够用了，但经常感觉到疲惫，不知道下一步应该怎么办。眼下经济不好，很多钱收不回来，出口难做。"他又看看我，问道："你怎么样？我有时候看到一些报道，财商教育还在如火如荼地往前推进，重庆有十几所学校也在搞财商教育。"

　　我说："刚开始的时候不知道财商怎么做，经过长时间的摸索，慢慢知道财商教育应该做什么了，知道应该让大家从这些教育产品中明白些什么了，这也算是一个很大的进步。特别是2014年，我走访了一些机构，思考了很多问题，慢慢有了清晰的答案。总而言之，在这个金钱世界里面，你我都无法逃出，我们当年曾经有金钱之外的理想，但最后都走到了跟钱打交道的事情上。大多数人是想在这个火热的'红海'当中过得富有、踏实、笃定、轻松自由，结果却差强人意。天天与钱打交道，却少有人思考和明白这个游戏规则。"

"游戏?"杨山说:"很有意思,最近我也在读老子的书,想把这个游戏看清楚,但我们生活在现实世界里面,对输和赢、多和少的规则拼来拼去,最后不知不觉拼到今天这个疲惫状态。"

我们俩干了一杯,我接过话题说:"大家都很累,是背负在身上的东西太杂太乱了,如果我们明白一点、清晰一点,就不会那么累。曾经我也是这样,被财商教育拖着走,现在感觉有点主动了,至少是观念上清晰了,觉得好一点。更重要的是人生都是需要一些场景、道具、环境去验证自己,最后悟出活着的意义和价值,或者找到自己的生活方式。"

"生活方式?"杨山立即抓住这四个字,"我们其实很多时候都没有自己的生活方式,目前这种生活方式也不知道是谁设计的。"

我笑了笑,说:"这就是左边象限和右边象限的区别,左边象限的人都在忙碌,忙到最后不知道忙什么,生活方式也没有了。而右边象限的人有自己的生活方式,同时还设计着左边象限人的生活方式。当然,他们可能也是被设计的,这是另外一个哲学话题了。

右边象限有少数人不再设计,因为他已经超出了自我,超出了小我。今天,我们应该有更加平和的心态,平等看待世界,也就像一只手一样,手心手背都是一只手,我们不能只在一面去谈这面的好和那面的不好。"

杨山说:"那你从事的财商教育好像很有意义,看着有点高与虚,像做公益。"

"是,这是个新东西,学术界的争论开始多起来了。我们经过不断探索,甚至犯错、试错,一晃就是20多年。我既然遇上这个事,就算是命中注定好了。人们为什么追名逐利,在追名逐利过程当中到底得到了什么、失去了什么,这是我开始感兴趣的话题。对生活、对社会自己也有这么多困惑,现在我找到了一种载体,用它去思考、去探索,这是我的幸运。这种载体刚开始对我来说没有很强的吸引力,我最初就不是一个UB象限的人,不是一个为金钱会努力打工的人。《富爸爸穷爸爸》畅销的时候,我写的序里面还借用了李白的一句话——安能摧眉折腰事'金钱',使我不得开心颜。仰天大笑出门去,我辈岂是蓬蒿人。李白原诗写的是'权贵',我把'权贵'换成了'金钱'。这不是说我多高尚,而是骨子里不把它作为幸福或不幸福、好和坏、自由或者被束缚的一个判断标准。当然,没有金钱,也是万万不能的,而且我曾经受过没有金钱的痛苦和付出过代价,你们都知道,今天也不说了。"

杨山笑了笑说:"都知道,你曾经喜欢写诗,才华横溢。你不喜欢商人,所以你为那段喜欢艺术的生活付出了沉重的代价。当然,后来你改学经济，也让你在冥冥之中走上了财商教育之路，出了在中国很轰动的《富爸爸穷爸爸》畅销书。"

我打断杨山："我还是希望能找到自己的生活方式，尽管这个很难，说得高一点就是找到自己的位置，说得俗一点就是能够心安理得地生活在这个世界上，做自己应该做的事情。我理解的自由就是做应该做的事情，而不是做自己愿意做的事情、想做的事情。要做你的性格、你的理性、你的情感、你的灵魂要求你做的事情，也就是你作为普通一员必须做的事情，该吃饭吃饭，该睡觉睡觉，见着朋友就微笑，该喝酒就喝酒，就是这种。那说说你吧？为什么觉得疲惫？"

杨山回应道："是，近些年做生意的时候，也读中国传统文化，《老子》《庄子》读了不少遍，还是有很多困惑。生意还是照做，尽管很艰难，人家欠了我几百万，得想办法收回来。常常很累，有时候也会想自己到底需要多少钱？"

我问他："你在重庆，按你习惯的生活方式一个月花多少钱？"

杨山说："我自己5000块钱也就够了，但还是忙碌。这时候才知道需要一种精神上的平衡。我最近在抄《老子》。"

我知道杨山的书法很好，说："是，现在很多人都在抄经，减压练书法或者培养自己的好习惯，包括我在北京的朋友，也在抄《金刚经》，每天都抄。回头把你抄的《老子》送我一本。"

杨山说："好。"

"你现在的企业打算怎么办？"

"现在虽然不需要那么多钱,但还是在挣钱的路上奔波和忙碌。"

"很简单,我们都活在现实世界中,也就是说我们都离不开现实世界的游戏规则,比如攀比、面子、虚荣等,这些东西要求我们还要忙碌。我们都生活在人的圈子里,即社群生活、城市生活,你就必须要和人、事、物打交道,如果不做事不忙碌,可能那些朋友圈子也就没有了。"

杨山说:"你说得很对,我现在怎么处理这些事呢?你有没有好的建议?"

我问杨山:"我问你一个问题,你觉得钱到底是什么?"

"你不是说了吗?它就是一个符号,是虚荣是面子,它确实能帮我买到东西,多买出来的效果,用经济术语来说,边际效益已经很低了。原来没有吃过火锅,吃一次就觉得很解馋,现在每天能吃到火锅的时候也不觉得它是多大的高兴事了。你还可以用更多的钱到其他地方买房买车,这也会让人羡慕忌妒恨,或者带来短暂的虚荣,但是这些完了以后又怎么样呢?你说,钱到底是何物?怎么理解?你不是到处给人讲财商教育吗?"

我说:"钱就是一种交互的权利,这种交互的权利在游戏规则里,每个人都在不断争取。司马迁 2000 年前就讲了,天下熙熙皆为利来,天下攘攘皆为利往。熙熙攘攘利来利往,通过利益的分配,满足人们的交互欲望,也带来更多的可交互的商品,让这个世界丰富起来,也让老百姓有一个经常做的事,好让他们安身立命,让生活安定下来。从国家管理者的角度来说,也好管理。所以洛克说,人是经济动物。首先把人们追逐利益的权利阐述出来,极大地释放了人的活力。

"其次,人还需要与更多未知的世界表达交互,所以大家才会对意外、对惊喜感兴趣,就像重庆人喜欢打麻将,麻将那么简单的规则为什么大家乐此不疲?因为麻将里面永远有惊喜和意外,这种意外可能是惊喜也可能是沮丧,但它就是意外,这就是乐趣,谁也不知道摸到的下一张牌是什么,有人有时能算到,这就有期待。不管怎么样,人想要获得交互的权利,是人的私欲追求,也是最基本的人权。这种交互权利在现实世界里就表现为财富、名誉、地位等,金钱和货币成了交互权利的表现形式。

"这么多年财商教育的受众人群当中,就有人太过沉迷于金钱的符号。就像老子讲的,福祸相倚,'为学日益,为道日损',也就是说当他们获得金钱的交互权利以后,他们可能就会忽略和忘掉了其他权利。还有很多交互权利是可以不用金钱财富就可以享受的,比如说一个普通人和一个有钱人,在马路边上看到野花的那种欢喜是一样的,甚至普通人也许比有钱人更欢喜,因为有钱人觉得这束花太脏或者太野,或者修剪得不够,但是普通人刹那间获得的交互快感和体验是超越了有限交互的游戏规则的,超越了部分有钱人擅长的那种非输即赢的零和游戏规则。

"我们讲金钱生活四象限中的 AQ 象限,就是说除了有限交互权利外,我们还有无限交互权利,而无限交互权利不是用货币来度量的。就像古人说的，已有天籁音，何劳琴上弦。已经有了天籁之音，何必要动琴上的弦呢？已有无限交互的高峰体验和快感，何必要用金钱货币来多生枝节？当然，这不是站着说话不腰疼，而是人有这一面的体验，或者不能忘了另一面，要恢复另一面。

"当然还有其他表达形式的交互权利，如爱、战争，这两种超越了金钱的权利。战争是最残酷、最有体验的交互，除此之外，有限世界里还有很多我们日常生活中经常可见的艺术、音乐、诗歌、体育，甚至举手投足、谈笑之间都有可能产生瞬间的交互快感。从这个角度来说，金钱真的不能成为我们唯一的追求，我们不能只为钱而工作。

"但人活着，怎能不为钱工作呢？古人云：人为财死，鸟为食亡。

"钱是一种储藏的交互手段，它可以把你的交互能量储藏起来，储藏在货币里面，让你以后再用这个储藏的交互权利去交换你想要的一顿饭菜、一部车、一所房子或者是一件漂亮的衣服。金钱的作用就是这样，我们既不能成为金钱的奴隶，更不能忽略金钱在交互世界的作用。在今天有限交互的世界当中，在货币如此发达的时代，钱会越来越多，因为我们现在交互流通的载体越来越丰富。"

杨山笑着说道："是，现在什么东西都可以买，什么都可以交互。"

我接着说："但是很多人认为只有钱能交互一切，所以就陷入对钱的奔波当中，但这种奔波又不明白钱是什么、自己的理性是什么，更不明白与钱打交道的方式，所以才会迷失。"

"大部分人不都是这样吗？你希望改变这种状况吗？财商教育只能让少数人去右边。"

"是，我以前也是这样想的，但是我想每个人都有权利知道这个交互权利的游戏规则、金钱游戏规则。当你知道这些规则以后，根据自己的性格、动机、行为习惯和环境可以研判自己改变还是不改变。如果改变，可能改变到右边象限；如果不改变，你乐意在左边象限也可以。这是你自己的选择，而且这种选择站在更高的层面上也有它的作用，像孔子讲的，劳力者一定有劳力者的作用，在其位谋其政，天下才能太平。"

杨山又说："交互权利，这个词比较新，我现在也算对财商有一点理解了，就是让我们在这个挣钱的世界里活得明白一点。我们今天晚上在这吃火锅只花 300 元钱，但是我们两个好朋友见面、聊天，以及关于金钱游戏规则的讨论，关于我的生意、关于你的事业，这些都体现着权利的交互。"

我说："这也是生意。"

"这种感觉、这种体验远远不止 300 元钱，从这个角度来说就像马斯洛说的，孤独的人是能够自我实现的人，也许到了这个时候才能有更多的交互体验和交互空间。就像老子说的无为无不为、无我才能成全大我等，是一个道理。咱们说了这么多了，干杯吧，举起来，咱们现在才喝了两瓶酒，还有三瓶呢，你现在酒量怎么样？"

"酒量还可以吧，不太好，但也能喝点。"

"要不要再加点菜？"

"不用了。不管怎么样，知道你的动机在哪里了，也知道你的行为习惯——经常陪人喝酒嘛。"

杨山回答说："我们在地方，做点生意可不容易了，经常聚会应酬，是不是也是一种交互？"

"是，都不容易。如果挣钱与花钱没有分开的话，人就会觉得累。现在我建议你找一个职业经理人，因为从你刚才理解金钱的看法看得出，实际上你已经在往右边象限走了，活得更明白了，而不是疲惫的状态。如果你觉得自己的精力体力不能做一些具有挑战性的事情，你可以找一个职业经理人来管理你的企业。你可以进一步探讨了解老子、庄子这些东西，往 AQ 象限走，你也可以回到 UQ 象限，我想这都是我们最后的归宿。大家老同学也可以经常通通气、聚一聚。"

杨密在父亲的公司里待了几个月以后回到了北京，他觉得父亲的公司和所做的业务不是他想要的，他的动机在那里没找到。杨密想改变自己的想法已经确立，所以他决定到我的公司里干上一段时间。因为他认为财商对自己的人生规划越来越重要，和钱打交道的智慧是他想要的，几次课上完以后，觉得触动很大。于是他决定到我的公司看看能做什么。

正好，当时我的公司接到有关部门的通知，希望能够在部分大学和中小学，特别是贫困地区的中小学开展财商教育，从青少年开始培养孩子们的经济素养，理性认识自己的生活环境、金钱市场、物质等，提高自己的生存、竞争和发展能力。我的公司正准备组建一个团队到大学和中小学开展财商的启蒙教育。

南希听了几堂课以后，想通过奋斗改变自己的财务状况，特别是想证明自己的创富能力。上一次去甘肃农村调查，南希也挺有感触。她认为那些地方的人更需要转变观念才能摆脱贫困，但是没有人去实施这些教育，那是不可能改变的。所以南希有了这方面的动机和想法，她必须给自己找到一个新项目来证明自己。

南希一直喜欢欧阳光华的音乐传播项目，把音乐普及到中国的每一个角落,特别是贫困地区的学校,但是这个项目究竟应该怎么做,大家还没有想清楚。做项目不能只是一个想法,而是需要资金、人员投入,需要组织方方面面的资源,一步步去实施,这需要管理,需要商业模式。怎样在互联网时代把这个项目做起来呢?

由此,她有了强烈学习财商的想法。于是,当她知道杨密来我的公司后,她也想加入我们的团队,希望在我的公司里一边学习财商知识一边寻找管理之道,在这个环境里、在这个平台上训练自己的MBW。南希已下决心调整自己的生活方式,特别是消费模式,这也需要一个很好的环境。她决定从每天的记账开始,学会管理自己的收入和支出。

特别是在支出的分类上,她对消费习惯进行更正和完善。不到一个月的时间,南希已经把自己的几类支出明显地做了调整。所以,她要向她的好友们证明,她是可以改变自己的,那就是减少了自己的冲动支出,从以前的80%降到了现在的20%,而她增加了自己的学习支出,准备投资欧阳光华的音乐项目。最关键的是,她还拿出了一部分资金用在自己的学习上。当然,她的生活支出、必要支出也进行了一定的缩减。

南希加入我们的团队以后,杨密很高兴,他们有一个共同的愿望,就是希望能从左边象限到右边象限,在和钱打交道的时候变成一个明白人,一个智慧的人。

几点建议

1. 继续玩现金流游戏，体验不同的路径。

2. 创富路径不要超过三条，即使没有找到主要创富路径，如还在上班，也不要做太多项目的投资。如工资收入是一条路径，股票、房产、其他项目、理财产品等最多选三样。

3. 对 UB 象限的人，建议先找到自己赚钱的持久理由，可关心一下企业。

4. 对 UQ 象限的人，可多注意房产收益、理财产品、资产配置等。

5. 如一心想去 AB 象限的人，改变是必然的，必须找到 M。

6. 对 AQ 象限的人来说，这是有一些生活阅历或悟性的人，"去分别心"是关键。

第六课

M、B、W 的和谐

第六课　M、B、W 的和谐

M、B、W 三者的和谐与平衡

通过前几课 MBW 的学习，大家知道了财商的重要性，他们又做了一次测试，这一次大家的分数都明显地提高了。不仅 MBW 各维度分数要提高，还有一个重要的维度，那就是 MBW 的和谐分也要一起提高。也就是说，如果仅有 M 提高，其他的都没提高，这也是一个比较畸形的发展。

南希意识到这一点后，通过父亲的案例，让她知道要靠财商来改变自己的生活，重新赢回自己的人生，所以她需要从行为习惯（B）上加强。就算路径（W）上有自己心仪的项目，但是还需要有力的财商才能"Hold"住这个项目。

通过在父亲公司一个多月的实习，杨密觉得自己的行为习惯（B）还有很多欠缺。最后在跟父亲理性、认真地谈话后，决定离开父亲的公司。虽然他的父亲有些失落，但是也理解儿子的选择，希望他能够在与钱打交道上得到一些理性、系统的训练。

当财商公司的"大学财商行"和部分地区的中小学财商启动项目即将开始的前夕，南希、杨密和张元、欧阳光华一起来上财商

第六堂课。

晚上十点，大家聚在北京的一个咖啡厅，用视频的方式联系上正在法国南部度假的我。当时是法国南部下午三点钟左右。

南希第一个问："老师，你现在在哪里？"

我说："你们不是在咖啡厅吗？我现在也在咖啡厅，这个咖啡厅位于法国南部普罗旺斯省的一个叫红土城的古老小镇上，Lavender咖啡厅，这个咖啡厅有几百年的历史。我把镜头切换一下给你们看看。"

大家看到这是路边一个非常温馨、小巧精致的咖啡厅，各个角落都摆满了鲜花。咖啡厅不大，室内有四五张桌子，室外有四五张桌子，每张桌子可以坐两到三个人。

我说："这个地方之所以叫红土城，是因为这里的泥土远远看去是红色，这里曾经是罗马帝国统治管理的地方。罗马风格依然留在这里，这虽然是一个只有几千人的小镇，但却是一个非常热闹的旅游城市。"

城市不大，但是罗马文化传播的重要元素它都具有，这里有教堂、歌剧院、浴场，还有竞技场。很早以前，这里的歌剧院经常会演一些歌剧、搞一些诗歌朗诵会，竞技场现在还有一些断壁残垣，而浴场已经成为当地的一个历史遗迹。可以想象，2000多年前，打了胜仗的士兵到浴场泡澡的场景。浴场的各种设施就是用今天的标准来衡量也是非常完善的。浴场当时既是一个休闲娱乐场所，也是一个议事、传播新闻的场所。竞技场则代表了罗马文化的另外一个方面——尚武文化，是希腊理性文化的实践，也是今天西方文明的重要基础。

第六课　M、B、W 的和谐

那时的竞技场充满着人和兽的格斗、人和人的格斗，胜者留下来享受荣誉、享受自由，败者可能就失去了生命。为了调和这种战争式的竞争氛围，他们有歌剧院，还有天主教堂。大家会到教堂里去寻求另外的声音，寻求心灵的平衡，找到归宿和爱；去歌剧院、去诗歌厅，追求艺术来满足自己直觉和非理性的需求。这些地方也是社交场所，是少数贵族享乐的地方，今天这些遗留的建筑给城市带来了不一样的风格，也带来了源源不断的游客和财富。

我说："我们今天上课的主题先围绕这个咖啡厅，这个咖啡厅也有好多年的历史，生意还很不错。我问老板为什么不扩大规模？老板说他喜欢这种有限的日子，现在咖啡厅随着游客的增加，包括很多中国人到这里来，他的支出和收入平衡得很好，所以老板的动机就是把这个咖啡厅开下去。

"如果在其他地方扩张，老板说就丧失了这个味道，因为毕竟是法国古镇红土城的咖啡厅，而且有历史，这个历史必须在当地的环境中才有价值，游客在这里喝一杯咖啡也才会有体验。很多人喝完咖啡以后还会买一些小礼品，这让我们注意到咖啡厅还有小礼品销售。

"老板希望把咖啡厅一直做下去，这是他的动机。围绕这个动机，以及老板的创富行为习惯，他所想的、说的、做的非常和谐，也就是说他并没有急于想着赚更多的钱。我建议他：'你可以开分店赚更多的钱，像麦当劳、肯德基或者像星巴克咖啡一样。'老板回道：'我要那么多钱干什么？我喜欢在这里生活，每天看着不同肤色的游客在这里，有时候还会和他们交流交流，如果我开了更多的咖啡厅，那我就要到世界各地去管理，去雇人，去考虑财务预算，这不是我喜欢的。现在我把这个地方的预算做好就可以了，更多的事太复杂。而且和家人在一起很幸福，孩子虽然去了巴黎，假期也会回到这里来，带着同学在这里住一阵儿，休息、旅游，他们很喜欢这里的味道。就像你们一样，从那么远的中国到这里来.'

从老板的言谈举止中看得出来他的行为和动机已经非常默契，就是开好自己的咖啡厅。

"我今天要跟你们讲的就是 MBW 每个都很重要，你们也都测试了，你们的分数也在增加，但是还有一点不要忘了，MBW 的和谐也非常重要。"

说到这里，南希接过话："老师，你让我想到了山西古城平遥，平遥也有这样的茶馆，它们的拥有者也想把它们经营成永久的品牌，游客到这里来的时候，带着记忆、带着好奇，体验这里的茶或者饮食。平遥在中国很有名,因为最早的票号就是从这里出来的。当年欧洲刚开始有银行的时候，咱们这里已经有了银行的雏形。而且这些地方的客栈和茶馆，也是给到这里办业务的人享用的。从某个角度来说，当年的平遥就是今天北京的金融街，甚至纽约的华尔街。虽然平遥现在的金融地位早已经消失了，但是平遥的历史还在这里。平遥的那家著名茶馆我还去过。"

她很不好意思，当时她去的时候，因为父亲还很风光，被接待得很好，还有人给她讲述了平遥票号的历史。今天，我讲到这里的时候，让她想到怎样平衡自己的 MBW——共同发展。换句话说，我提醒她要为自己的动机、性格、行为习惯找到适合自己的路径，这才是关键之处。那么自己的 W 在哪里呢？与 MB 是不是平衡的?她可能心里想到，虽然她对欧阳光华的艺术传播项目很感兴趣，但

第六课 M、B、W 的和谐

是不知道是不是自己的 W，是不是能和自己的 MB 平衡，想到这里她瞟了一眼欧阳光华。

欧阳光华也在认真思考着我说的话，他有很好的动机也有很好的路径，但是缺少相应的 B 来平衡这些和实施，这也是他加入我的课程的原因。虽然欧阳光华最终没有决定和他们一起去参加"大学生财商行"的项目，但欧阳光华知道自己需要补上 B 的不足。也就是说，关于预算、财务、收支、管理这方面的一些行为习惯，是他需要了解的，这样他才能把这个项目做好。或者，又如我说过的，他必须找到合伙人来帮助自己，他知道自己需要懂领导艺术，因为这样才能带领大家往前走。虽然在学校里已经有人愿意参与这个音乐传播项目，其中包括南希，但他知道接下来要解决的问题，包括商业模式、线上线下怎么配合，用什么样的团队，怎么管理，包括现在很时髦的天使投资、股权设置等，他需要了解这些知识。通过上我的 MBW 系列课程，他还学到了 W 的很多知识，无论是投资工具还是创办一个企业所具有的基本知识、法律知识、财务知识、市场营销、定位、战略、财务等。这几次上课他已经学到了一些东西，但需要巩固、消化。

这边，张元在想自己动机强，无论为自己、父母还是为家乡，他一定要成功，挣很多钱，但他在 B 与 W 上都需要加强训练，特别是尽早把农村土特产品项目做起来，用好互联网。他又上了一些互联网项目班，包括微商、微信营销等，相信他一定能走到 AB 上去。

杨密在听完我的话以后，问道："老师，我们怎么才能知道自己的 MBW 是和谐的呢？除了通过测评以外，比如说我，现在并没有找到自己明确的创富动机，或者说还在犹豫，是证明自己比父亲更能挣钱，还是去做一件有兴趣的事情？另外，在我的动机未确定之前，我怎样培养自己的行为习惯和探索不同的路径？当然，我现在已经正式加入了你们公司，所以我希望能够在这里找到这些答案。"

我回应道："问得好，怎么才能把适合自己的 MBW 找到并且匹配好，让它和谐发展呢？我们在以前的课里讲过 M，而且特别讲过左边象限和右边象限 M 的区别，什么样的动机 M 配什么样的行为习惯 B，并配以什么样的路径，这非常重要。在创富动机 M 上又分匮乏性动机和成长性动机。针对匮乏性动机来说，他们急于想挣钱或证明自己能赚钱，匮乏性动机促使人努力，比如说他在行为习惯上会更多地想去学习富人，或者在路径方法上急于尝试。创富不要过程只要结果，甚至有些人因为匮乏性动机还走上了犯罪的道路，就像你们看到的一些贪官。而成长性的财富动机，是把创富性的过程和结果融为一体。换句话说，创富的过程也是他富有的过程，他丰富了自己，这是他想要的。"

欧阳光华问："老师，你的公司那么忙，有那么多事情要做，你居然跑到法国南部度假去了，你是不是属于这种成长性动机驱使下才做的财商公司？"

我笑了："老师曾经很散漫，喜欢自由自在的生活，公司也没做好，没有一个和谐的 MBW。因为潜意识里的自由想法，后来有了这个创新项目，融创富过程和教育探索为一体的平台，包括我给你们上课的方式，有着强烈的个人色彩，老师也喜欢旅游，喜欢各地的美食与文化。你说得很对，老师也希望能找到成长性动机，财商教育就是老师必须做的事情。财商教育不仅仅是一个项目，它是

第六课　M、B、W 的和谐

一种教育,需要更多人参与。而老师的智慧、精力、物力都是有限的,所以老师希望这是一个开放式的平台,由你们参加到这个平台上,通过大家的智慧、大家的努力,大家可以在这里共同成长,培养起自己的创富成长动机,或者通过这一段时间的训练去做自己的其他项目。"

听着听着,杨密认为好像找到了方向,找到了动机,他真的想把财商教育一直做下去,也觉得越来越有意思。如果他父亲早点接受财商教育,也许他父亲的心态和生活质量会比现在更好,并不是要比现在更有钱,至少他父亲的 MBW 比现在更和谐,而不至于等他父亲现在钱已经足够的情况下,还那么操劳、焦虑,甚至对市场上的任何一点点的变动都显得那么紧张。这是他和他的母亲所不愿意看到的。因为这样会把他父亲的身体拖垮。杨密决定,他要通过自己的努力,把 MBW 搞清楚,把它们的和谐搞清楚,做一个明白人,应该活得明白,才能活得好、活得幸福。

每个人都生活在跟钱打交道的世界里,但是大部分人在左边象限,少部分人在右边象限。如果大部分人把自己的 MBW 处理好了,活明白了,不为钱工作了,就实现了自己的财务自由。就像我讲的法国红土城咖啡馆的老板、南希讲的平遥茶馆的老板,以及其他地方也有很多小日子过得很安逸的小老板,甚至是工厂看门的大爷,虽然收入不多,但是收支非常平衡,生活也很惬意、很健康。这也是财务自由的一种表现。

杨密在这一刻找到了自己的创富动机 M,而这种动机,他知道已经不是一种匮乏性动机。但他有了自己的创富动机,也就是说自己生活的动机,像欧阳光华每次讲到音乐梦想的时候,南希看着他，觉得他眼中有一种光、有一种力量、有一种梦想，也就有一种魅力。他知道南希很欣赏这种有奋斗精神的人，这也是活得明白的人，能自己做主的人。传播财商会是他的一个成长性动机，并由此来调整自己的行为习惯（B）和路径（W）。

匮乏性动机和成长性动机分别需要什么样的 B 和 W 呢？

杨密接着就问我："拥有匮乏性创富动机的人和拥有成长性创富动机的人，他们需要什么样的 B 和 W 才能达到和谐呢？"

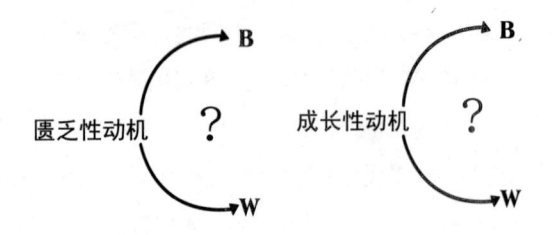

我说："匮乏性创富动机的人，他们要是没有好的 B 的话，就会进入金钱生活四象限的 UB 象限。他们会因不明白而盲目，由于急于想挣钱、想证明，愿意当'孙子'、愿意吃苦、愿意给人做牛做马，当钱的奴隶。他们会去买彩票、炒股，他们不会评估自己的风险承受能力。他们还会去做一些风险很大的事情，成了金钱世界里不明白的人。他们会去骗，比如说骗自己亲戚朋友的钱，然后用杠杆的方法去炒股票，最后惨败。

第六课 M、B、W 的和谐

"不过，有些在右边象限的人，最初也只具有匮乏性创富动机，他们有了第一桶金以后开始培养自己的行为习惯，开始重视自己的理性、重视自己的预算管理、重视自己的营销、重视自己的品牌和产品质量，重新找到自己愿意为之努力的目标与路径，他们在行为习惯上开始静下来，倾听财富的声音、金钱的声音，了解自己、了解金钱、了解和财富打交道的方式，慢慢地由匮乏性创富动机变成成长性创富动机。

"中国人说'富不过三代'，因为财富和金钱一定会归属到能够驾驭它们的人手上，也就是说它们要找到主人。有些钱即使暂时被你掌管了，但你没有驾驭它们的方法，最终它们也会离你而去。财商决定金钱能够在你手里留多久。

"如果连匮乏性动机和成长性动机都没有的人，他们可能就是UQ象限的人。他们随大流，即使他们有需要钱的想法，但是这些想法都被淹没在大众生活中。拥有成长性创富动机的人，他们在行为习惯上一开始就比较理性，同时由于他们找到了让自己心动起来的项目，所以他们会为这个项目而培养行为习惯，比如说勤奋、主动、不怕挫折、有勇气、敢于付出，能及时总结，知道怎样与人分享。还有他们有很高的情商，也知道去整合他人的力量和资源，就如同乔布斯当年有一个很好的手机项目，但是他知道怎么样整合其他的资源。拥有成长性创富动机的人，抗冲击的能力比较强，因为很多人在这个时候，如果说没有这些相应匹配的行为习惯就可能半途而废。"

创富法则

没有创富动机的人如何匹配 B 和 W 呢？

"那么，老师，"南希问我，"如果说没有匮乏性创富动机或者成长性创富动机的人，他们应该配以什么样的 B 和 W 呢？比如说工厂的看门大爷，他过得也很幸福。"

我说："这也是个很好的问题。创富动机不是很强烈也不是很鲜明的有两种人：一种就是他们没有认知型、思考型的动机，像婴儿一样和这个社会和谐相处，也就是说他们具有让自己过得自由自在的一切适当的行为习惯，想的、说的、做的与有多少钱、购买消费行为等都是和谐的，他们的生活方式没有对金钱形成过分依赖或唯一依赖。这是一种纯自然状态。至于说他们能否自觉到这一点，完全是要看他们所处的环境和人生当中所经历的一些事件。还有另一种人，他们很清楚这个社会金钱财富的游戏规则，也很清楚自己的性格和能力，有限的资源、有限的范围，同时他们选择了适合自己的路径，明白自己的 MBW，不会陷入和其他人比较的纠结中，他们从容、淡定、自然。

"也就是说有这样两种生活的人：一是自然的人，一是完全明白的人。后者有可能是一些有阅历的老人或者一些智慧的人，他们会选择这种生活；前者可能由于他们的知识面、信息面或者朋友圈子相对狭小，所以他们生活在一个相对封闭的世界里，他们可以过得与世无争，类似于生活在桃花源的世界。而后者知道他们的'桃花源'不是孤立的，而是在这个风云变幻、竞争激烈的社会，但是他们找到了 MBW 的和谐。所以无论是前者还是后者，他们看来都像是在右下角的象限，也就是 AQ 象限。但实际上真正能够长时间

第六课 M、B、W 的和谐

在 AQ 象限待着的人是后者，一个明白人。

"那种自然的人，当世外桃源的环境被打破了以后，他们经受不住外界的刺激，最后重新又会走上匮乏性创富动机之路，从此毁灭了自己生活的平衡。"

四个年轻人在视频这边陷入了沉思。过了几分钟，杨密打破了沉默，问我："我们已经知道 MBW，是我们从左边象限到右边象限的关键，那我们知道这三个维度，我们努力改变，训练自己的动机，改善自己的行为习惯，找到和自己 BM 匹配的路径（W）。"

我说："是的，如在 AB 象限的人，他们的 MBW 是同步发展和同步进行的，所以要训练这三者的和谐度，这样才能最充分利用自己有限的资源。"

我们都是有限的

南希问我："什么叫有限资源？原来我觉得家里有很多钱可以供自己花，现在很多钱都没了，我得重新开始，这是不是指的有限资源？"

我说："不光钱财在一定时间段是有限的，还有更多的资源是有限的，你的体力、精力、智力、劳动甚至财商都是有限的。这是第二层，正因为这些是有限的，所以你才要好好配置它们，包括你的 MBW 都是有限的，所以要去配置它们，让它们和谐。除了第二层以外还有第三层……"

欧阳光华这时问道："那第三层是什么？老师，你讲的资源？"

我解释道："第三层就是我们现在所生活的城市，都是有限交互城市。我们每个人除了生活在有限世界里，我们还有很多直觉、感觉。

"但我们的欲望是不是无限的呢？坦率地说，欲望无限的人我现在还没有遇见。欲望无限实际是一种假象，只不过人们有限的欲望不断被广告、理论、知识、商品所诱惑，就认为自己的欲望无限。这实际是少数人的设计，他们在利用这些诱惑进行销售，扩展自己的利益。

"当然最终这些少数人，如果仅仅是拓展利益，他们仍然会陷入利益怪圈，被资本异化成为追逐利益的牺牲品，依旧不能获得财富本质交互权利带给他们的体验和快感。这是第三层。第三层你们现在不一定听得懂。"

这时欧阳光华反应比较强烈："到了这一层，是不是音乐的很多交互就属于这一层？不是听不懂，而是如何用有限的载体表现出来？这是不是老师说的要有财商，用有限的资源整合，用物质媒介表达这种交互？"

我很欣赏欧阳光华的这种解释，说："是的，但是你首先要学会、要知道我们讲的有限资源。除了第三层以外还有第四层，就是知道你自己是有限的，每个人都是有限的，你必须在有限的范围里来解释、阐述一些东西。不管怎样，我们必须承认我们每个人都是有限的，我们要有这种谦卑的心态才能去掌握和控制好自己有限的资源，才能调配好 MBW 的和谐。"

第六课 M、B、W 的和谐

说到这里欧阳光华兴奋了,他说:"老师,我怎样才能把我的音乐传播变成一个伟大的事业,可以持久发展,影响更多的人,获得更多的交互效果?"

南希在旁边显得也有些兴奋,好像她似乎也找到了她的动机,就是要帮助欧阳光华实现梦想。这也是她喜欢欧阳光华的原因。于是欧阳光华告诉我:"老师,我也讲过我们要发展音乐,要尊重现实规律,利用好现在的一些资源,就像您讲的这些有限资源,包括金钱、货币、财富,包括企业、商业手段等,但是我父亲不认同这个。我们为此争吵过很多次,您有机会的话能不能和我父亲见个面,讨论一下关于金钱财富的本质?因为我父亲似乎有很多的看法,他认为这个社会的浮躁都是因为人们对于利益的追逐,或者说被物质化,而忽略了人们最大的精神世界、灵魂世界。"

喜欢音乐的我心里想着这是很有意思的话题,我也想找个机会跟欧阳光华的父亲见一见,于是就说:"那你约时间让我和你父亲讨论一次,关于金钱和财富的本质,关于人们的有限交互和无限交互,关于我们世界的财富走向哪里。不管愿不愿意,不管是少数人还是大多数人的日常生活,金钱也是人们认识自己、解释世界的一种方式。"

张元接着问我:"我是从农村来的,有着强烈的匮乏性动机,想挣大钱,想帮助家乡的穷人。"

我打断说:"这已是成长性动机了,恭喜你,如何把你对家乡的服务作为 W,是一个不错的选择,你知道他们的需求和拥有的资源。"

张元回答道："我就想做农村土地上的美食文化，做最接地气、最快速的舌尖体验，想整合农村的鲜活农产品，利用 APP 和现代物流运到城市人的餐桌上，同时也让城市的人在休息的时候可以体验乡村生活，让土地与城市人口的交互产生财富。"

我回应道："这很好啊。"

这时，我站起身来说："今天讨论了这么久，我们休息一下，老师带你们看看。"

我出去开上车，用 iPad 让同学们看看法国南部。"你们知道这个地方什么植物最有名吗？"

南希马上抢说道："我知道，法国南部普罗旺斯有一种草很有名，叫薰衣草，老师你把镜头切到薰衣草上给我们看看。"

普罗旺斯作为法国一个旅游城市，每年会来很多游客，除了光顾这些著名的小镇，喝咖啡、旅游、居住、休闲、放松以外，他们这里还有很好的风景，特别是大片大片的薰衣草，法语叫 Lavande。

南希马上又说："薰衣草除了好看，还是很多化妆品如护肤霜、美容产品等的原料，老师你有没有去看过那里的加工厂？"

我说："我去过，虽不懂化妆品，但体验了一下他们的香水是怎样做出来的。这里的人们，生活在他们的 MBW 的和谐之中。当地人看起来都是那么的自信、淡定、自足，特别是到了这种旅游季节的时候。当然个别的人，也包括咖啡店的老板曾抱怨过游客太多，干扰了他们宁静的生活，但是他们也知道游客给他们带来了好生意，他们也在调整自己的生活方式。不管怎样，在今天这个互联网

第六课 M、B、W 的和谐

时代,任何一个好地方都会引大批的游人,就像江西的婺源,到四五月份油菜花开的时候,大批的游客纷至沓来。"

我继续讲道:"大部分人,实际上他们是很难根本改变自己的 MBW,特别是改变自己的 B 和 M,由于受环境的制约,他们面对金钱和财富,想的、说的、做的,必须和那个环境协调。人们是在环境中生活,也就是说,这种环境决定了他们的 B 和 M,同时,在这种环境中他们的路径选择也是屈指可数的。即使有一些投资路径和方法,他们可能会暂时涉猎,但最终赚钱主要是靠运气。大部分人尝试过以后又返回到原来的 MBW 状态,中国的多数城市都是这样的生活。人们崇尚小富即安,也就是说大家都是在一种舒适、安逸的环境中吃点小火锅、打点小麻将。在这种环境中他们养成了 B 和 M,而改变自己的行为习惯和动机是很难的,他们已经形成了习惯的、大众的生活方式。

"大部分人通过财商教育知道左右象限的区别,也想从左边到右边,并且知道从左边到右边需要改变自己的 B 和 M,但是,由于他们所处的环境,以及他们长期结交的人、所做的事及价值观,已经进入他们的血液,因此他们很难改变。对于这种人,我们的教育最终是希望他们追求到生活的和谐,也就是说,这样的 B、这样的 M,配上相应的 W,可能是一份工作,也可能是一种小生意,如开个小铺子,最后达到收支平衡,小富即安。这个就是大多数人最后的财富命运。

"一个人真的想到右边 AB 象限去,他必须超越这种环境。古人说'少不入川',四川是一个安逸的地方,成都平原得益于两千

155

多年前李冰父子治理都江堰的成功，土地被灌溉得非常肥沃，庄稼也长得好。当地老百姓很容易从喝茶、打牌这种小日子中得到满足，从而形成了小富即安、及时行乐的风土人情，在这里，你的M——你奋斗的动机可能会受到削弱，你的一些行为习惯也可能将变成某种闲散自足的样子。

"杨密、南希、张元，还有欧阳光华，你们现在可以就此打住，享受MBW和谐的这种生活，不用做太大的改变。就像以前我说的改变是让人痛苦的，很多时候你可能会遭受疼痛、孤独、挫折和他人的冷眼，甚至失去朋友等，还有可能会遭受道德的谴责。

"但是，如果你们想要改变、拼搏，你们知道自己在往哪走，知道自己要什么和做什么，也知道代价是什么，那就坚定地往前走。这时，你们第一个需要的是强大的勇气。第二个需要的是爱心，这种爱心来源于你的事业，对他人的爱和希望获得更多人的认同。第三个需要的就是理性法则，要有一个清醒、冷静的头脑，有科学理性的发现问题、处理问题的智慧和执行力，这个是需要长期培养的。那么，这三个法则将是改变MBW的基础。"

这个时候南希问道："我们也去过成都，觉得成都很好，中国有很多中小城市都挺好的。为什么这些城市的人还要跑到北上广深？"

我说："第一个问题，主要是年轻人或农民工离开自己的小城市或者农村，去北上广打拼，他们有改变的M，或为梦想或为挣钱，小地方的W（路径）有限。其次是小地方的行为习惯也会影响你特立独行和创新，当然也没有什么需求市场，像温水煮青

第六课　M、B、W 的和谐

蛙一样，把年轻人的改变 M 深陷于世故人情和已有格局的泥潭中，直到老去。"

杨密又问道："虽然很多人兜里有钱了，但他们为什么还是不能求得一个心安的生活呢？"

我接着说："这个问题问得好，这就是第二个问题，就是 MBW 的和谐，需要一个大背景的支撑。也就是说，人们对国家的未来、对自己的未来要有足够的信心，他们才敢量入为出地花掉自己每个月挣的钱，他们必须相信国家有这样的福利、有这样的安全保障，让自己活下去。

"现在很多中国人，特别是在近三十年中快速富裕起来的中国人，他们虽然兜里有钱，但心里还是穷的，脑子里还是穷的，那是因为他们的行为习惯、他们的动机还没有变，所以这样的钱财对于他们来说，来得快去得也快。再加上这些人对未来的不确定性，以及习惯性的恐惧、疑虑和担心，他们不敢用自己的钱去投资，让钱流动起来。

"所以，MBW 在比较低层次的范围内得到和谐，能不能保证这个人有财务自由、生活幸福，确实还需要国家的背景、社会的稳定和对未来的信心等。

"你们有两个选择。一个选择就是不改变自己的行为习惯、动机，可以去找一份工作，和普通人一样安心挣工资、成家、养老，也可以得到 MBW 的和谐，但前提是你们要建立在对国家对未来的信心上，生活质量不能下降，并且明白你们的选择可能带来的风险，即失业和斗志的消磨，直到老年。

"第二个选择就是你们找到了自己的兴趣、事业，把它变成资产。换句话说，让挣钱的事情和你们的兴趣爱好合二为一，至少把挣钱的事情变成习惯，也就是说不为钱工作，而是为自己的事业努力，因为你们拥有了财商，你们的兴趣、事业会变成资产，会带来现金流。而这个前提是因为你们懂得了现在的财富游戏规则，包括现在的科技手段、互联网手段。

"说到这里，我今天这堂课就快结束了，无论是法国南部普罗旺斯的品牌、文化和它们的商业模式，还是老师在红土城喝咖啡的咖啡厅，抑或是南希讲的平遥的那家茶馆等，其实我们每个人都可以找到 MBW 和谐的方法，来过自己的日子，拥有自己的生活方式。

"我今天也是这样的，一边做着传播财商的服务项目，一边不断地走在世界各地，感受着大家与金钱财富打交道的方式。金钱财富是每个地方生活的重要主题，每个地方都有和财富打交道的方式，以后大家有机会可以去中东、去以色列看一看，看一看犹太人、阿拉伯人是怎么处理金钱和财富的，这个话题我们以后再讨论。所以我希望结束今天的课程以后，你们对金钱财富的和谐以及对 MBW 能有一个全面清醒的认识。"

我再次明示这些年轻人，让他们不要太过于冲动，不要着急投资、创业，而是要做好准备，客观评价自己，管理好自己有限的资源，只要 MBW 和谐，通过财商教育成为金钱世界的明白人，就可以到达右边的 AQ 象限。

同时我也强调，要认识到这个多变的时代，因为这个时代给予了他们一些机会。因为是年轻人，可能不和谐还是他们的主旋律，

第六课 M、B、W 的和谐

他们有的人 B 比较强,有的人 M 比较强,有的人 W 已经在实施了。就像张元,他的路已经开始,而南希和欧阳光华的音乐传播之路也在策划,杨密选择了财商教育。因为年轻,他们想通过奋斗去实现自己的梦想,不惧受苦、失败。看着这帮年轻人,我知道他们不满足于简单的收支平衡,他们想实现财务自由和人生自由,他们还想在这个时代谱写自己绚烂的人生。

第七课

财商新生活

第七课 财商新生活

人人都有的财商权利

半年来,四个学生在上了六堂财商课后,开始发生变化,他们又做了一次财商测评,每个人的分数都有了明显的提高。拿着测评的结果,他们找到我,希望做一次总结。

我把四个学生安排到了会议室:"现在你们明白什么叫财商了吗?"

四个学生点头。

"那什么是财商?"

杨密抢着说:"就是一个人与金钱打交道的能力呗!"

"对。"

南希问:"那我们每个人都有财商吗?是天生就有还是需要后天培养?"

我说:"每个人生来都有学习和运用财商的权利,通过掌握财商的基本法则,处理自己的有限资源,而且只有自己才能够自由平等地支配自己的有限资源。这些资源包括我们的身体、头脑、知识,还包括时间,以及我们已经拥有的物质上的财富,如房子、车子和每个月的工资等。"

我接着又问:"财商是一个人与金钱打交道的能力,而且每个人生来就有运用它的权利,但是不是每一个人都明白这一点呢?"

欧阳光华说:"不是,大部分人都不明白这一点,比如我父亲还有从前的我,我们接受了学校多年的教育,学了很多东西,语文、数学、物理、化学、生物、自然、地理、历史等,但还有一样东西没学,那就是财商。所以,我们不仅不明白每个人有学习财商和应用财商的权利，甚至可能反感这门听起来像教人赚钱的教育。

"刚开始我也反对学习财商，认为财商就是忽悠人的，回家跟我父亲讨论了这个事，认为教别人赚钱是根本不可能的，每个人都有自己的财运，也有自己的习惯和自己身处的环境。如果忽略这些，整天做着发财的梦，那就是白日做梦。

"我们大部分人从小学、中学到大学，再到走入社会，接触的人和生活工作的环境把财商智慧给我们屏蔽掉了，财商离我们越来越远。如果说市场经济没有今天这么发达，不和我们的生活息息相关，我倒觉得确实没必要学习财商，但是今天市场经济如此发达，我们生活的方方面面都离不开商品、服务、选择，离不开价格、交互、消费等，如果我们还不学习财商，还与财商这种智慧相隔十万八千里，那我们真的就要受到惩罚。

"事实上，我们已经在受到惩罚了。你看我们班上的那几个同学，他们跟我一样有自己的梦想，特别在鼓励创业创新的这种大环境下，他们大胆去做，把父母给他们的几万甚至几十万元钱都折腾光了。

"现在，他们垂头丧气，认为赚钱很难，都想着让父母或者亲戚朋友帮着找一份工作。也许他们是块创业的料，但很难再燃起梦想。我想把音乐教育作为一个商业项目，让它运转起来，给做这个项目的人带来收入，然后让利给更多的人，把音乐教育传播到更远的地方。我这样的想法，只是做了一两次实验，还是南希出钱资助的，我不可能让南希每次来资助我做这个事情。最后如果没有其他办法的话，我也只能去找份工作，慢慢地，梦想的火焰可能就会熄灭。"

少数人能正视与钱打交道之事

我说:"对,今天每个人都要和钱打交道,不管你愿不愿意、主动还是被动,但少有人去正视这个事情,去学习、观察,去找到规律,用财商智慧处理它。直到每个人在和金钱打交道中,出现各种问题,这时才会去找临时的解决办法,往往没效。面对风险很大的消费市场,需要一剂免疫针来提高你们与金钱打交道的抗风险能力。你们每次和钱打交道都是非常顺利吗?愉快吗?"

四个人都在摇头,包括"富二代"南希。南希说:"我们家曾经那么有钱,但是在和钱打交道的时候,不管是我还是我父亲,都遇到过很多问题,但是现在……"她没接着往下说,不过大家心里都很清楚,是出了大问题。

杨密说:"我也一样,还有我父亲。"

我接着说:"钱的问题也是我们生活当中经常出现的问题,我们都有过在商场购物的经历,出现过比较的困惑、选择的困惑。我们这代人都有过安排孩子去上学的经历,在哪个学校,以及在国内还是国外的选择问题。我们大都有过去旅游的经历,会面临选择什么样价格的服务,还有在网上购物可能出现被欺骗、质量问题、退货问题等。我们还有很多人炒股亏损,稀里糊涂地买保险,还有民间的高利贷,以及合伙做事,不欢而散,最后连朋友都无法做了,甚至闹上法庭。"

杨密接着说:"对,我父亲工厂有一个同事,他们几个人出去创业,办了一个公司,后来就闹到了法庭上。弄得大家都觉得很不好，可能一开始就是在哪儿出了点小问题。"

环境和习惯让我们放弃了财商权利

我说："其实，所有这些问题，都是为了希望与钱打交道的事能够处理得更明白、更理性、更有效率、更少风险一些。为什么 99% 的人在左边象限，而只有 1% 的人在右边象限？99% 的人从小接受的教育形成了大众的价值观、思维方式，更重要的是他们身处的生活和工作的环境，以及这些环境中的人和事物不断给他们的暗示，培养他们那种没有财商的跟钱打交道的生活方式、消费方式。这样，99% 的人慢慢地就在左边形成了自己所谓的命运，随着时间的推移、年龄的增长，他们就接受了这样的结果。他们还会出现跟钱有关的系列问题，处理不好可能影响他们中老年的生活，这种案例和故事经常出现在媒体上。"

杨密说："是的，我们经常看到一些老年人会在理财市场上被骗。他们一辈子在与陌生的金钱世界打交道，酸甜苦辣的人生故事沉淀了经济世界的坎坷得失，慢慢地在经济上成了右边人设计的消费机器。当然，我们也不能说这是右边少数人的阴谋，因为当你不给自己的资源，包括你的身体、时间、金钱财富做主的时候，当你不给自己生活方式做主的时候，不能成为自己主人的时候，有人会成为它的主人，那就是右边的人。这也就是孔子说过的劳力者和劳心者。就是说劳力者只知道做什么就行了，不要知道为什么。

但是……"

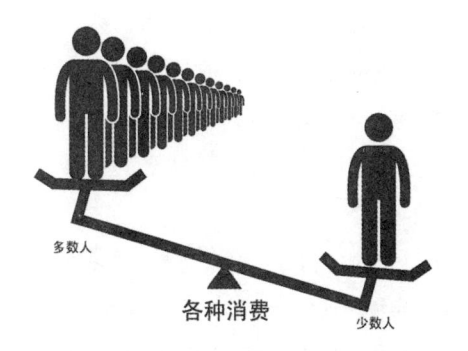

多数人　各种消费　少数人

南希马上抢过话说:"老师,像你以前所讲的,大部分人每天上班下班,有些人在忙着做生意,成天奔忙,都是为了挣钱,但效率不高。给他们讲财商,我有时候觉得也不管用,因为他们就是这样的,他们习惯了,不愿意改变,喜欢有别人安排他们,他们几乎没有创造力了。"

贫富差距越来越大

我说:"你的观察很细致,不仅中国、印度,甚至包括发达国家,美国也是这样。《富爸爸穷爸爸》的作者罗伯特·清崎在书里反复强调,如果美国不在学校、家庭开展财商教育,美国的贫富差距会越来越大,大部分人都成为华尔街少数人或者硅谷少数人所设计的产品和服务的消费机器,越消费就越饥饿,更要努力为钱而工作,始终不能让自己富有起来。全世界的这种贫富悬殊越来越严重,我们在第一堂课里面也讲过。"

欧阳光华显得有点激动，说："老师，如果这种两极分化越来越严重，财富越来越集中在右边象限1%，甚至0.1%的人手里，左边象限的人不仅不明白财富的规律，不明白财商的权利，而且也不去争取这种权利，最后就会沦为消费的奴隶。大家都在地球上生活，都在蓝天下，为什么有如此大的差距？如果这种现象发展下去，社会不会乱吗？"

我说："这个问题问得好，这个问题在200多年前，马克思在他的《资本论》里面已经写下了，但是马克思认为，这种财富越来越集中在少数人手里的这种游戏，最终少数人也会被这个游戏规则所消灭。换句话说，资本最后也将成为少数人的坟墓。那是因为资本追逐利益的本性，最后也让少数的资本家解决不了生产力和生产关系的矛盾，他们只能被更高级的生产力和生产关系的社会制度所替代，那就是共产主义。西方工业革命后，经济快速发展一个阶段后，无产阶级对资产阶级的矛盾是通过改良的方式、福利的方式、市场与法治的方式、选举的方式等，重新过渡到下一个经济发展的阶段。到了今天，财富依然没有改变向少数人集中的这种趋势。"

看清金钱问题，少些怨恨

杨密抢过话题说："老师，财商教育有没有可能缓解这种贫富差距？也就是说当左边象限的人对财富的游戏规则、对自己的财商权利有所觉悟、明白后，右边象限的人就不能那么容易、那么快速地扩张自己的财富了。换句话说，当左边的人在学校就开始接受财商教育，他们长大后和钱打交道、和商品服务打交道，就能更加理性，不会为此对右边象限的人有那么大的怨恨。那么，他们对今天的投资信息不对称、地位不对称等造成的贫富差距也能有较为清晰的认知和理性的处理。"

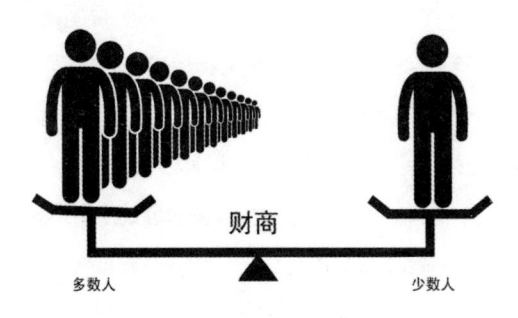

财商

多数人　　　　少数人

我说："是的。在今天，财商教育比任何时候都更重要。我们正处在全球化的时代，我们拥有财商这种智慧，可以让自己活得更明白一些。即使自己不能成为右边象限少数掌控更多资源的人，但至少可以把自己有限的那份资源处理好，让自己的金钱生活过得更理性、更和谐。总之，不能被迫沦为钱奴，一种没有效率只有风险和不确定性的钱奴，这是我们每个人都应该避免的命运，这也是财商教育的意义。几个月来，你们的财商水平得到了一些提高，你们炒股、创业或者继承家业之前，要增强对经济、金钱和自己与钱打交道的一些思考，拿出时间去梳理、去总结。"

四个人都回答道："是的，老师。我们是有变化了，这种变化对我们未来的事业、未来的生活一定有持续的帮助。"

与金钱打交道的过程变得有趣，
这是人生的重要部分

我说："对，但你们不要把这个想象得那么容易。要知道，世界上每个人，不管他是一个明白的人还是不明白的人，其实都还是喜欢钱的，喜欢购物、炫耀、攀比和用钱去获得面子、尊严等。但是，大部分人为什么没有挣到足够多的钱，陷于永远挣不够的钱奴陷阱，成为永不幸福的'饿鬼'？那是因为他们不喜欢挣钱的过程，忽略了这个过程。其实人生、生活，包括金钱生活也是一个过程，财商教育还有一个重要的目的就是要让大家明白，这个过程本身就是你生活的意义。

"和钱打交道应该是占有生活当中很大的一个比例，那么也应该变成一个有意义的事情。换句话说，当你找到了自己的事业和兴趣，这个时候和金钱打交道，金钱在为你的事业服务的时候，就变成一个有意义的事情。

"这其中有少部分人，也喜欢和钱斗，其乐无穷。他的生命状态、他的舞台，就是在企业管理、投资和金钱打交道的各种路径、方法上。最后通过这些完成他的生命，达到自我实现的目的。不知道你们四个有没有这种可能性？"

四个人都沉思了片刻，没有回答。

我们有权利活得明白

我接着说:"为什么老师一开始给杨密说,你不可能到右边象限去?而且给你们揭示了这么一个残酷的真相,那就是说不管左边的人多么努力折腾,大部分人还是留在左边,只有极少数人去到右边。所以老师那时讲,你们四个人也只能在左边,因为要想到右边去,是需要……"

杨密抢过话说:"我知道,老师,你说的需要是巨大的付出和改变。"

我问杨密:"你知道要付出和改变什么吗?"

杨密回答:"改变我们的 MBW,也就是说,要重塑我们的创富动机,或者培养、点燃我们的创富动机,不要为钱工作,要点燃我们的事业激情,要让钱为我们、为事业工作。不要只喜欢金钱的结果,要逐步喜欢和钱打交道的过程,也就是喜欢或者习惯面对金钱的各种问题。"

我解释道:"对,你这是讲的动机的问题,大部分人之所以在 UB 象限或者 UQ 象限,那是因为他们没有培养出一个成长性的动机。匮乏性的动机容易在生活中找到,那就是因为贫穷或者受辱,

或者攀比，需要多一点钱，可能在 UB 象限的人有这种动机。

"UQ 象限的人曾经也有梦想和事业心，但是因为财商教育的缺失，让他们觉得自己的理想离现实太远了，他们放弃了，现在只需要还原。当然这个还原的过程是很痛苦的，甚至是要'动大手术'。可以想象，一个在小学里有很好的爱好并且愿意为这个爱好去努力奋斗的人，工作了很多年以后，再重新拣回这种爱好，并且还能够持续下去，还能够养家糊口，这是一件多么难的事情。所以，动机的培养和点燃，包括动机的找回，这都是一个很艰难的过程。"

国家富强的动机 M

我继续说道："就像我们中国，经过几十年的改革开放，在一穷二白的基础上铸就了经济发展的奇迹和辉煌。但是，这里需要一个极大的梦想和动机来激活这个国家。这几十年我们是在很贫穷的基础上发展起来的。我们有这么多的资源，有这么多的人口，有政府投资包括大量的基础设施建设和改进，还有住房、交通、医疗、公共服务等方面的改善。巨大的需求刺激了中国的经济发展，但这只是我们说的生存、安全与政府投资上的需求。我们国家还需要一种国家级成长性动机，换句话说，要有更大的梦想。"

欧阳光华接过我的话说："老师，中国经济的快速发展，是在匮乏性生活方式的刺激下，即缺衣、缺吃、缺穿、缺住的情况下发展起来的，如果我们再想发展下去，我们必须找到国家继续发展的更大动机，或者说我们的理想吗？这个话题还有点意义。"

"是的，"我说，"如果我们没有这样更远大持久的目标、理想、没有更好的动机，在经济转型、经济调整时期，我们就会付出巨大的代价，陷入中等收入陷阱，经济会滞涨、衰退。所以，国家提出了中国梦，显然也是有这个目的，换句话说，我们要让整个国家富强起来，我们要让中国的人均收入在 21 世纪中叶达到中等发达国家的水平，这是我们国家的眼前动机。你们认为我们能做到吗？尽管我们的经济总量已经在全球排第二，但是我们的人均收入还很落后，社会福利也还跟不上，整个社会的发达程度还不够。"

杨密说："不知道，老师，你认为我们可以做到吗？"

我说："这就是动机的问题。首先我们要有信心，要自信我们能做到，老师认为这是一定能做到的。中国在历史上，在已有记载的三千多年历史中，我们大部分时间都是排在世界第一的，我们只是在近几百年落后了。那么，我们为什么担心自己不能再次成为世界上最发达的国家、人均收入最高的国家呢？而且中国人又如此勤劳。"

四个年轻人都有些兴奋："那这样说，我们可以赶上这个梦想和这个动机的实现了？以前在学校里听说中国梦，听着还比较模糊，今天听老师这么一讲，倒是有了新的认识，中国梦就是我们这个国家富强的创富动机。"

快速变化留下的后遗症

我接着说:"你们也不要把这个事情想得太容易,看看眼前,很多中国人都缺乏自信,换句话说是缺乏自己的理想和对自己生活方式的追求,他们有着贫困久了以后所留下的很多后遗症,那就是不确定、恐惧、不安全、躲闪、慌张、急躁、懒惰,再加上经过一段时间的财富积累以后所带来的自满、骄傲,这种自满和骄傲后面也是潜意识的恐惧。为什么这么说呢?很多人跟钱打交道都是急功近利、爱占便宜的,想快速奏效,想获得暴利,而且还不想付出,总是处在一种慌张、争抢、不理性、不持久的状态,那是因为他们和钱打交道的过程和目的没有一个强大的动机做支撑。如果有了强大的动机,他们和钱打交道才能变得从容、理性、智慧和有成就感。

"我们现在市场上最火爆的一些品牌,像阿里巴巴、腾讯、百度这些企业的股东,有一部分不是中国资本。我们在微信上消费,在阿里巴巴淘宝上购物,在百度上搜索,以及我们很多喝的、穿的、玩的,这些消费产品产生的部分利润被外国资本拿走了。为什么会出现这种情况?这就促使我们认识建立动机的重要性,以及培养民众创富行为习惯的紧迫性。无论是创业者还是给创业者投资的人,他们只有拥有一个伟大的事业或梦想以后,才会有耐心从容智慧地处理自己的事业,经营自己的事业,最终让钱为他们工作。不只是中国的钱,海外的钱也要为这样的事业而工作。这是我们经济转型最应该的,也是最希望能达到的,我们会生产一批中国制造、中国创造,要达到这样的效果,最根本的是要解决整个国家和钱打交道的动机以及每个人的金钱观与他们的创富动机。"

南希说："老师，你这样是说，我们完全是靠短平快挣了一些快钱，如果没有一个长久的动机，这些快钱就会离我们而去。"

我笑笑说："你们也不要这么悲观，这个是我们发展过程中所必须经历的，这就是为什么老师让你们要接受财商教育，不仅把自己和钱打交道的事看清楚、搞明白，还要明白国家大环境处在一个什么样的和钱打交道的阶段，面对着全球一个什么样的市场，这样你们才可以更从容地决定自己在这个伟大的时代能做点什么。只是老师提醒你们，要从左边到右边，变成1%的人，真的是要作巨大的付出。你们即将大学毕业，很多习惯已养成，这就是老师给你们讲的第二个重要元素——行为习惯。"

一个好的动机必须配以好的行为习惯

我继续说："动机是我们的基础，在这个基础上如果没有好的行为习惯去匹配，同样我们还是只能待在左边象限。这也是老师经常打击你们的原因，老师打击你们是希望你们从这种打击当中找到自己。老师把残酷的真相告诉你们，你们就一蹶不振地待在左边，听天由命，那说明你们真的很难改变，但是老师看到你们几个年轻人还是非常想证明自己的。

"改变的路是很艰难的，你们要做好准备。除了第一个要素激活动机以外，还需要培养出自己的远大动机、远大理想。你们还需要花时间调整改善你们的行为习惯，也就是B维度，在测评当中，你们的行为习惯都有问题。而且老师说，改变行为习惯需要一个过程，需要考验你们的耐心，从某个角度来说，这个比点燃你们的动机更难。"

欧阳光华马上应道："是的，到现在我虽然玩过两次游戏，但是我还是不喜欢填财务报表，觉得跟别人谈我的音乐教育还需要去找钱，这个事很别扭，看来就是我的行为习惯出了问题。"

南希接着说："我知道我得从头再来，我原来喜欢那种奢侈的消费，喜欢攀比，喜欢炫耀的行为习惯，这些也会对我构成障碍。"

我说："是，行为习惯里面包括三点，第一点就是面对金钱和财富，面对各种消费方式、收入支出方式，你们是怎么想的，也就是说你们的价值观、世界观。虽然老师讲过不要为钱工作，要为事业奋斗，再让钱为你的事业服务，但是说起来容易，要真正变成自己的观念很难。

"比如杨密说想到我们这里来工作，就会想到工作应该有多少收入。对大部分人来说，特别是在左边象限的人来说，首先想的是自己做的每件事情必须有一份收入，而不是说这个事情到底是不是我想做的、我应该做的；或者是这件事情能不能变成资产，给自己带来现金流。

"还有，富人不为钱工作，不能当钱奴，钱是没有颜色的，钱只是我们的工具，到底什么是金钱和财富？财富的本质是什么？这都是我们观念的问题。这些关于金钱财富的观念，会影响我们说话的方式，也会影响我们的行动方式、消费方式。我们还会不会去买一堆打折的东西，还有没有想占便宜的心态，有没有想去挤、抢、占的行为？另外，我们还会不会经常说我这么辛苦，又要加班，我这么累是为了什么？甚至还会在自己的亲人面前抱怨。你们有抱怨过吗？"

杨密说他有过，他知道即使自己的父亲已经有一笔资产，但在北京买一套像样的房子还不够，因为他不可能把所有的资产都押到北京的一套房子上面，觉得自己还是要辛苦工作去挣钱。但是我刚才又说这种观念、这种想法和这种行为就是一种阻碍自己长久创富、阻碍自己向右边象限改变的一个障碍。那么我们要怎么改变呢？

"为什么大部分人，在左边象限的人，一切都以钱为标准，但为什么他们最后又没有好的结果，甚至还掉进各种风险陷阱里？那是因为他们的行为习惯出了问题。UB 象限的很多人就是典型的这种急着想挣钱但效率很低的人。

"而 UQ 象限的人，会出现急着想找钱的问题，会抱怨自己的命运，或者是铤而走险做一些不当的行为。所以要改变自己的 B 或者恢复自己由于教育和环境给自己 B 带来的扭曲，真的是一个很难的事情。

"为什么要用'恢复'一词呢？我们看看每一个幼儿，他们表达自己欲望、情感的时候，都很自信、开朗、坚决和勇敢，并不会顾及这顾及那，不会有纠结、担忧、害怕等，而长大后受了不当的教育或者金钱教育，变成了具有懦弱、恐惧、贪便宜心态的人。所以，长大后的他们再也没有了与钱打交道的雄心壮志和好习惯。"

创业拥有股权是个不错的 W

我接着前面的话题继续说道："当有了这种对创富动机的明白意识、对行为习惯改善的明白意识以后，你们就有一个与钱打交道的方式方法，即创富路径 W，就是 MBW 的第三个要素。而打交道的方式方法又会反过来促使你们的创富动机和行为习惯进一步改善，任何东西都是在干中学，是在实践当中锻炼出来的。找到一条适合自己的和钱打交道的路径非常重要。"

杨密马上说："对的，我曾经就处在这种纠结之中，是回去帮助父亲打理他的那份家业，还是和几个同学一起做游戏事业。现在明确了，我想加入财商平台，去深耕一个地区，也希望能够把这个事业变成自己的资产，让自己成为股东，拥有股权，让股权给自己带来现金流。"

我说："看来你财商提高了不少，知道怎么把事业变成资产、变成股权，并通过股权变成红利，变成现金流。这是可喜的。在现金流游戏当中，通过财务报表也可看出，股权投资给自己带来现金流的改善是最大的，就像我们在'W'那堂课里所讲过的，这个是收益最大的，但同时也是风险最大的。

"现在有几千万家企业，但是我们耳熟能详的企业、能够数得出来商品和品牌的企业也就那么几十家、几百家。大部分企业都只是一个维持。这也说明为什么我们的创富动机是如此重要。因为，你要把一个品牌做起来，做成资产，做成有现金流的企业，需要好的动机，需要足够的耐心，更需要你适合做这个事情的行为习惯。

"一旦做好了，这个股权收益将超过动产和不动产路径的收益，也就是超过了你到处买理财产品、炒股票、买房子的收益，因为现在买房子的大收益时代已经过去了。而且，买理财产品、炒股票和买房子的收益，显然对你们年轻人，我认为没有刺激，因为这个过程本身不会成为你们所追求的对象，你们可能认为它不是那么刺激。"

欧阳光华马上接道："是的，我从来不认为炒股发财或者买房子发财算什么成就。"

"是，老师很认同你的想法，你骨子里面就有不为钱工作的动机，但是你现在缺少的是如何让你传播音乐事业的动机变成一个资产，变成一个好的项目，让金钱和其他的资源为你工作。这样不仅能把你的项目做得更好，而且你也会变得富有起来。"

欧阳光华回答道："是，反正我不炒股票、不买理财产品，我也不反对到了一定年龄以后，为了获得资产配置的安全、生活的保障，需要做这样一些组合，这是另外一回事。"

我说："你这样看问题就对了，条条道路通罗马。右边象限的一些人他们很喜欢金钱，玩金钱这种游戏。虽然他自己没有创造任何一个品牌、任何一个伟大的实业，但是他在金融舞台上长袖善舞，并且获得了自己骄傲的成就，也就变成一个金融品牌。"

我们可以做点什么？

南希问："老师，既然改变MBW是我们从左边象限到右边象限的唯一路径，而且改变又这么艰难，需要一个好的环境，那么有没有什么平台可以让我们进行这样的改变呢？"

我回答道："老师现在正在做的就是这个事情。在互联网时代，让更多有上进心的人聚集在一起，财汇、商汇、财商汇，给自己也给他人进行财商教育，边干边实践，做好投资创业的准备。

"在你们想好做其他的事业之前，可以参与一段财商教育的工作。是当义务的财商老师，还是当有收入的财商老师，那就看你们能不能创造收入。你们可以带孩子们玩现金流游戏，也可以去给普通人讲基本的财商知识。

"今天大部分左边象限的人接受的关于金钱方面的教育，主要是理财教育，但理财教育的承担者、发起人大部分都是有目的的金融公司，包括现在网上许多的P2P公司，或者是证券公司、保险公司等，他们主要是让左边象限的人去购买金融产品。

"我们的财商教育是一个第三方财富教育平台，目的在于帮助大家把与钱打交道的事弄得明白一点。你们可以多讲讲 MBW 的核心要素，特别是激活和点燃一些年轻人的创富动机，梳理他们创富的各种路径，你们可以在这个平台上做一些这方面的事情。做这个事情可以让你们反省自己的财商现状，能对金钱生活有一个清醒的、深刻的、全面的关照，从而提高自己的 MBW 财商指数。

"我知道欧阳光华有自己的梦想，南希，你是否会支持他？他很希望获得你的支持。"

南希说："我想支持，但还需要先提高一下自己的财商，是不是也可以在你这工作一段时间？"

杨密说："对了，我现在决定在老师这工作了，传播财商，提高财商。"

我说："改变需要一个环境和平台，在财商教育这个平台上，在中国经济发展、国家富强的创富进行时，虽然现在是转型期，但也在持续增长，因为中国的人口基数很大，这头财富睡狮已经醒来。中国有大量的富爸爸读者，几千万人，他们都是渴望改变的人，所以这种正能量的环境会让你们的改变变得更加容易。"

三个假设

"你们想从左边象限到右边象限，要遵循三个假设。

"第一，假设你们是有上进心的，非常想富有，有自我实现的需求，有一个很好的动机。

"第二，假设愿意转变和付出，因为只有转变和付出才能让你们拥有一些新的实现梦想的行为习惯，最后由你们的行为习惯来决定你们是否成功。

"第三，假设你们承认一个人的转变是一个很难的事情，所以需要一个环境，需要正能量。当然，中国这个大环境是有正能量的，年轻人都在谈创业创新，这是正能量，但是在很多小环境里面，大家又被懒惰、抱怨等习气拉回去了。

"小结一下就是：上进心、改变心和加入一个好的环境。"

三个原则

"在这三个假设下，还有三个原则必须遵守。

"第一是勇气原则。勇气原则最主要指的是敢于付出，特别是当你遇到问题的时候。在受到别人怀疑和遭受挫折的时候，继续坚持你们自己的路，这就是勇敢。最难的是舍弃原来的那些观念、习惯，这是需要勇气的。

"第二是理性原则。光有勇气还不够，还需要你们有科学理性的财商智慧，理性地看待自己，客观地评价自己的资源、条件和努力的方向，更要认识到金钱财富的规律，特别是它的市场规律。

"第三是爱心原则。一个拥有大爱的人，是一定会让自己改变的，所以爱心原则是最高的成功法则。爱自己、爱他人，而这种爱是克服自私、懒惰和不勇敢的正面力量，一个拥有强烈爱的人，他在前进的路上一定是积极的、阳光的、朝气的，充满正能量的，特别是在处理问题和面对挫折与怀疑的时候更是如此。"

认识一下我们创富的大环境

杨密问我:"我们真处在一个伟大的时代吗?老师们经常跟我们讲,说我们赶上了好时代,但是我的很多同学都在为找工作发愁,很多人创业也在发愁,感觉机会很多,但实际上真的属于我们的又那么少,有很多还是我们不愿意去做的。"

我说:"问得好,这个时代究竟有没有机会,是不是一个伟大的时代,当然我们要有怀疑,不能完全听信媒体或者有些学者的话,但这种怀疑不能动摇自己的信心,这是不矛盾的两个角度。因为有怀疑,你才能理性分析;因为有信心,才能用你分析的结果推动事情做得更好。"

中国在转型,世界也在转型

"不仅中国处在转型期,整个世界也处在一个转型时代,这个转型得益于金融和科技的快速发展。人们追逐利益的动机从以前小的范围、小的时空蔓延到现在的全球范围,所以这种在全球范围追逐利益的动机,特别是少数利益集团的全球逐利动机,又促使了科学特别是应用技术的发展,如互联网、物联网、机器人、清洁能源、智能航空等。科技的快速发展促进了资源的合理利用,同时,又反过来促使了金融快速发展。今天,整个世界全球化的程度比任何时候都来得更快,以至于我们每天都能从电视上看到很多的冲突,地区冲突、局部战争、难民问题、政治革命等,这都是全球化带来的另外一面。

"在全球化进程中，除了经济利益的冲突和角逐以外，宗教、政治还有文化和环境的冲突也显现出来。如何处理这些冲突、处理经济问题，特别需要财商智慧。处理不好这些问题会带来巨大的经济利益损失。如每年全球气候变暖，据说也带来了几十万亿的损失。由于地区冲突的升级，每年的军费开支也在不断增加。如果站在右边象限的思维来看待，这是一个地球在发生变革的时代，这个变革伴随着很多的冲突，包括经济、金融危机的产生。同时，也包含着更多的机会出现。最大的机会，就是越来越多的人的活跃和流动，无论是在印度小城市的居民，还是在巴黎街上的行人，抑或是在美国硅谷的研发人员，以及华尔街的金融投资家等，人们生活的时空越来越被放大，越来越被激活。换句话说，人都是经济动物，所以他们要去交互，要去消费，要去扩张，有了更多的欲望，特别是有限世界的欲望，这就是处在右边象限部分利益集团的新商机。

"总之，在这个活跃、变革的时代，地区和地区的差异就是机会，每个人的需求在不断发生转变和扩张，人们需要享受更多的服务。从这个角度来说，全球的经济也到了一个新的转折点。当然这里面依然还有一个铁的法则就是二八法则，也就是我们说的左边象限的人和右边象限的人。先知先觉的人、敢于冒险的人、财商高的人、对MBW明白的人、对金钱规则了解的人，他们已经开始在全球范围内布局，如一些主权国家的政治考量、货币权力、国家信用，一些企业大亨在某个领域里的市场拓展，还有一些机构在实验室里对人性欲望的再度开发和研究，以匹配相应的电子产品、消费产品、

第七课 财商新生活

金融产品等。

"不管怎么样,这个时代一定是属于有准备的人、敢于改变的人。那么把这个视角拉回到中国,拉回到我们生活的环境,每天住的地方、上班的路上、做事的场所、娱乐的空间等,我们的生活空间、信息空间已经放大,这是你们年轻人的机会。我不同意很多人对中国经济唱衰的看法。

"因为某些困难和问题的出现,让我们更明白、更清醒地去迎接新时代,迎接你们年轻人的时代。在这个时代必须解决一些问题,比如过剩的产能、有形资源的大量消耗、劳动力成本增加等问题。这些问题当中最核心的问题是如何增加整个民族和国家的信心的问题。尽管国家政府在努力地走出国门,把中国声音、中国梦和中国符号推向全球,无论是扩展到全球各地的孔子学院,还是我们走向国际化的金融、进入 SDR 特别提款权的人民币,都显示了中华民族在努力走向世界和影响世界,开始影响世界财富分配的规则。

"我们讲 MBW,动机是创富基础,那么一个国家要富强,这个国家的动机就非常重要,国家的动机建立在整个老百姓的动机上。老百姓的动机首先是要建立在信心上,我们很难想象一个没有信心的人还有什么动机,特别是成长性动机。匮乏性动机只是一种面子、一种抱负、一种短暂行为,成长性动机则要建立在信心基础上,而金融业很大程度也建立在老百姓的信心基础上。

"你会面对很多考验。南希,你面对着从心态到消费和人生规划转型问题。你的职业也好,你的事业也好,还有你的财富,怎么选择？

"欧阳光华，你的音乐传播项目肯定还会遇到很多挫折，经费的问题，工作的问题，你的主观愿望和现实能不能有效对接，那些偏远地区的人需不需要你的音乐？有可能你的满腔热血得不到他们的理解和认同。

"还有杨密，你现在到底是选择你们家的企业，还是从事财商教育？这些都不会像你们想象的那么顺利。但越是这样，越是需要你们的信心，对自己和对未来的信心，这就是我们说的勇气。当然，这种勇气不是一成不变的，它必须富于变化，需要有爱心和理性，而这个爱心就是让你的动机变得更加鲜活和更加温暖，也是信心能够持久的根本原因。人们通过爱，让自己的生活变得更加从容和坚定，爱可以减少你的自私，可以让你觉得一切变得有意义，而这个意义也是你建立自己动机的基础。当然，这个爱也分范围，首先对自己对家人，就像中国的孔子所倡导的一样，从身边开始，从血缘关系开始，一直到更远的人，甚至到这个民族、到地球人。"

从古代开始中华民族就是一个有财商智慧的民族

我继续说："在人类历史上，有两个民族财商都是很高的，一个是犹太民族，一个是中华民族。中国在3000年文化当中，很长

第七课　财商新生活

时间一直占据着世界老大的位置，由于近几百年我们缺乏对理性教育的重视，缺乏对科学、经济、金融的研究和实践，这个代价从另一角度说，也可能是历史要求我们为迎接下一个伟大时代的变革所需要付出的代价。你们都知道《富爸爸穷爸爸》非常畅销，你们知道'财商'这个概念也是从这本书里的英文翻译过来的，那你们知道本在全球畅销的财商书中的富爸爸原型是谁吗？"

杨密说："我知道，老师你给我讲过，是中国人。"

我说："对，中国人，而且财商非常非常高。由于近代中国长期处于落后挨打的局面，许多中国人的自信心给浇灭了，行为习惯改变了，财商就被压抑了。

"从改革开放开始，国民经济逐步恢复，经济环境得到改善，从而逐渐改变了我们的行为习惯，包括观念、认识、实践等，财商才开始回到中国人的生活方式中。因为这是我们自己的智慧，当然也是全球人的智慧，特别是近代经济学、金融学、企业管理学等学科又大力发展了这种人类智慧。

"在我国古代，像管子、范蠡、子贡这些人都是财商很高的。有一位西方学者比较了东西方的经济思想史，认为亚当·斯密的市场理论在两千多年前管子的书里面已经有了雏形，那就是市场对资源对价格的调节作用。虽然缺少有延续的财商教学阐述研究，但我们的财商创富氛围是一直都在的。"

杨密说："老师，那你认为我们现在只是在恢复我们的财商，在复兴我们大国地位的过程中吗？"

创富法则

中华民族不仅在复兴，更是在创新全球财富市场

我解释道："不仅是复兴，也是创新，特别是对西方市场经济学的创新，是对西方理性人做出的大胆挑战。西方理性人的思想观念带给了全球一段物质文明的辉煌，沉默的东方在准备以另一种力量登场，即在全球信息化的时代，有限需求与无限需求共存共舞的时代，人们的生活方式、财富方式会有革命性的改变。中国人这几十年快速积累了财富以后，很多人心里还是贫穷的，还有很多贫穷的陋习，如不舍得、贪婪、恐惧、对未来不确定、没安全感、没有梦想，而且很多人在快节奏的经济生活中越来越沦为金钱的奴隶，这都是属于阻碍整个民族更进一步发展的阻力。财商教育要唤醒大家成为一个与钱打交道的明白人，确立自己的动机，恢复自己那种从容、自信、勇敢、理性、友爱的行为习惯。相信在这种大背景下，中国人创造出一些全球品牌那是不在话下的，就像中国的茶和中国的丝绸一样，在古时候对全球上层社会人的生活方式是影响深远的，以后中国还有更多的品牌和文化，会组成这个地球上一种重要的生活方式。至于说刚毕业的年轻人，怎样才能在这个变革的时代去找到自己的位置、事业、感觉，并学会应用已经被财商教育唤醒的创富动机和行为习惯呢？我给你们几个建议。

"第一，学会用自己独立的视角观察思考自己和环境，除了观察思考还要去行动，创造自己的环境和氛围，这是财富的大作用之一。

"第二，摒弃狭隘的民族主义和崇洋之风，不要起哄着天天去骂外国资本的阴谋和国人的愚昧，我们在共同创造地球文明，这是一个共同的事业。要继续学会吸收、学习发达国家好的东西，特别是研究他们的金钱、财富规则。

"第三，抓住中国转型期出现的各种机会，学习、实践，再学习、再实践，边学边干，边干边学，抓住在转型期出现的为人服务的商机。既然我们十几亿人都醒了，需要得到更多的服务，这些服务里包括人们的衣、食、住、行，也包括这些人的教育和生活方式的改变、生活质量的提高，从餐桌到养老院，从娱乐场所到工作环境，从社交平台到艺术享受等，有很多的机会，无论是财商教育，还是艺术教育、音乐传播，以及杨密父亲所说的中国制造、技术更新等，都有机会，关键是需求。

"当然需要注意的问题也很多，说到核心的一点，就是你们要把自己的信心拿出来，才能激活整个国家、整个民众的信心，这样才能有市场需求。如果拟人化的话，发达国家就在右边的象限，大部分不发达国家在左边的象限，那么这就是中国梦要做的。如果民族昌盛强大了，又有了很好的行为习惯，最后整个民族的创富路径就是千千万万家庭和个人的创富路径。"

四个人沉默了一会儿，杨密又问道："老师，MBW 是我们成为金钱世界中明白人、成功人重要的三个要素，决定我们在金钱世界中的哪个象限，但 MBW 哪个更重要，我们从哪下手去改变呢？"

"好问题！你们四个认为呢？ M—B—W 三者哪个更重要？"

"W 路径更重要！我急于想要赚钱的项目和方法！"张元答道。

"不对！创富动机 M 更重要！对个人、对家庭，甚至对国家，没有一个长远的梦想和动机，我们怎能做成一个长久的事业或资产呢？很多人穷，就是没有或不敢有动机，或模糊自己挣钱的动机，不简洁，不坚定。"南希回答。

"不对。"杨密说，"行为习惯 B 更重要，我们不敢付出，不能吃苦，做事不理性、无计划，攀比消费等行为习惯，是阻碍我们富有的最大障碍，而改变这些行为习惯又很难。"

我问："欧阳光华，你呢？"

"我觉得三个都重要，只是针对不同的人，可能有更为重要、更为紧迫的问题。"欧阳光华答道。

"对！"我说，"你们可以对 M—B—W 三者谁更重要展开一场大讨论、大辩论，古人就是通过辩论来明是非，来彻悟人生、宇宙。通过辩论，明白自己缺什么，明白自己的财商训练从哪下手。M—B—W 三者都可以是你的下手实践的点，可以从路径，如炒股、做小生意、加盟连锁店等开始，也可以从参与项目、训练自己的 B 开始，还可以从学习，考察贫富地方来训练动机开始，要看个人的情况。"

杨密说："老师，我更愿意和你一起做财商教育，觉得这是一件有意义的事，可以激活我的动机 M 和训练我的 B。这也是一件可以表达帮助、表达爱、表达友谊的事，还可以带来更多的服务项目、内容，我们可以用电影、电视、话剧、游戏、动漫等方式来开展财商教育，让更多的国人特别是在 UB 和 UQ 象限的人开始逐步明白自己的财商权利，并且理性地行使自己的财商权利。"

南希若有所悟地说："老师，财商这么重要，但我们年轻人要主动来学习却很难，您提醒过我们，也打击过我们，建议我们跟着大众走，让命运来安排，这是条容易的路，但你让我们看到了生活的另一面，也看到了人生的另一种可能性，无论是自己还是国家，我们可以选择另一条不容易的路，追求成为一个财富路上的明白人，或生活中的明白人，即右边象限的人。不仅在财商上提高，在人生的深度和宽度上也会有收获的。"

杨密接过话："这条不容易的路意味着我们要勇敢地去付出、去改变，在MBW上改变，这又要求我们不向浮躁、慵懒的环境妥协，有自己独立的追求，这的确很难。"

沉默了一会儿，南希说："我终于明白了，这就是为什么老师你要在各种环境中给我们上财商课，改变的课在终南山，行为习惯的课在美国，动机课在张元的老家、在重庆那个近年GDP增长最快的地方，还有MBW的和谐课在法国南部。老师，我明白了，谢谢您的精心安排，让我们不知不觉对原以为枯燥的财商课、对MBW理论产生了兴趣，并有了很多收获，这大半年发生了很多事，但我们真的进步不少……"

杨密说："还有金钱四象限那一课，我们在北京金融街上的。"

张元抢过话说："老师，我也开始了互联网上的土特产销售项目，并已小有成绩，谢谢。"

未结束的故事

　　南希和欧阳光华的音乐传播公司注册了，并推出了APP，他们吸引到一批音乐老师和志愿者，同时也获得了更多市场用户的认可。因为这个APP有很大的使用量，所以开始受到了资本市场的关注。杨密加入了财商公司后表现突出，最后升为五星级会员，并负责了一个分公司的运营，他的父亲则找了另外一个职业经理人管理他的设备公司。张元的农产品致富平台也逐渐运转起来，他家乡的一批土特产走上了北京小区居民的餐桌。这些年轻人通过自己的努力，证明了自己的财商，重新获得了他们应该拥有的财富。

附　录

我与欧阳教授的财商对话

附录 我与欧阳教授的财商对话

财商教育是正确的吗？

几个月后，我接到了欧阳光华父亲欧阳震的电话："周末有场音乐会在国家大剧院小剧场举行，如果您有兴趣，可以一起去听听。我也想与您聊一聊，最近我的孩子发生了一些变化，决定参加你们财商教育的宣讲团。他认为这是学习财商的一种方法，以后好去实施他的音乐传播项目，我非常支持他。他说在您那训练MBW，这是他跟我讲的，能否达到效果我有些疑惑。"

我爽快地回答："好，我也很喜欢音乐，那我们就约到音乐会之前吧，欧阳老师，我请你吃饭，一起聊一聊？"

欧阳震说："好。"

周末的北京，我提前三小时和欧阳先生在国家大剧院四楼西餐厅见面了。欧阳先生直接问："你说的这个财商和财商教育真的对年轻人有用吗？我看我儿子最近常常参与这些活动，玩什么现金流游戏，而且还想加入你们大学生财商宣讲团，要去贫困地区给孩子们讲财商。你们做这个事情的目的是什么？是做教育还是在赚钱？不好意思，你们是企业，我也就问了这样的问题。"

我说："没关系，今天这个社会很浮躁，大部分人浮躁的原因也都是因为一个钱字，很多东西被贴上了价格的标签，像医院、学校这些关系基本民生问题的地方，很多时候也被市场化、价格化了，包括你们音乐学院的各种考级、招生，我想或多或少也受到这些影响。甚至包括你们设置的很多奖项、比赛，里面可能也有利益游戏规则，有人讲是潜规则，你同意吗？"

195

欧阳先生激动地说："是的。这个社会一切都在向钱看，这是很可悲的。我很多同事、学者、教授也走上了这条路，因为大家不走这条路就意味着自己的收入会下降、生活质量会下降，有点被时代抛弃的感觉，落伍了，都无法向家人交代，和同学同事聚会的时候也会觉得有些尴尬，不知道为什么会变成这样，甚至做事不考虑实惠，别人就认为你假。"

欧阳先生继续说："改革开放几十年，中国发生了巨大的变化，也让我们的物质生活极大地丰富了，但我觉得今天中国人的精神生活极其匮乏。在这个时候，你们搞财商教育，听起来就像是赚钱教育，把大家又推向了更加浮躁的金钱世界，这种拜金主义会继续影响我们的生活，甚至影响下一代，您觉得财商教育真的是正确的吗？"

我说："正因为这个社会这么浮躁，有如此多的人在金钱面前有这样的表现，所以我们更需要财商教育。"

欧阳震问："这话怎么说呢？"

我接着说："每个人在这个时代，就像您刚才讲过的，金钱时代、货币时代，是不是都在与钱打交道呢？包括你。"

欧阳先生想了想，说："是的，每个人都在和金钱打交道，金钱生活无处不在，从日常的购物、吃饭、穿衣等消费，到自己居住城市的规划，再到自己的兴趣，喜欢的事业、项目等，甚至包括家里各种各样的事情，直接间接可能都跟金钱有关系。"

我问："我想问欧阳先生，既然你承认每个人都和金钱打交道，而且不得不和金钱打交道，那么有多少人明白并主动地与金钱打交道呢？就像有一句话说的，我们说这个人过得好、生活得好，会说这个人是一个明白人。"

欧阳先生回答说："这我不知道有多少人在和金钱打交道时是明白的人。"

我说："我可以负责任地告诉你，大部分人都是不明白的。也就是说一个人要和金钱打交道，他要成为一个明白人，首先要明白他自己，第二要明白钱，即财富有什么功能，应遵循什么法则。第三要明白和金钱打交道的方式方法。例如，是用上班挣钱、下班消费的这种方式打交道，还是用其他方式打交道，也就是说用其他的投资理财挣钱的方法吗？财商最通俗的定义就是一个人与金钱打交道的能力。它是智商的一种。因为今天的金钱和财富在我们生活中的位置越来越重要，发生率越来越高，所以关于金钱财富的智商就分离出来成为一种专门的智力商数。"

欧阳先生点了点头。

我接着说："既然大部分人都在和金钱打交道，大部分人都不明白，所以才出现了很多人稀里糊涂地和钱打交道，不能为自己的经济做主，这种和钱打交道的方式方法，被迫将自己的生活交给了少数右边象限的人去设计。

"看看现在的广告，分商品广告、学术广告、城市广告、教育广告……看看各种市场利益的设计，各种潜规则，各种消费引导，等等。一方面说是这个世界要靠经济的运转来支撑社会的稳定，这是经济学家们最常说的话，要解决就业，GDP 要增长，经济要运转就需要货币，需要更多的资源流动，更多的资源流动就需要更多货币来帮助这些资源流动，来帮助经济发展。特别是现在政府和学界倡导的大力发展消费经济，来帮助很多工厂冒烟、企业生产、商品有人购买等。互联网时代，整个社会就是一个大的消费市场。"

少数人明白金钱游戏规则

"少数人有财商，是明白人，于是乎就利用大部分人的不明白，设计了各种各样的商品服务、财富规则。

"大部分人，当他们不得不面对着更多选择、更多欲望时，就更需要钱了，无形中成了金钱的奴隶。很多人不愿意承认这一点，用"人活着不能为钱"来逃避很多金钱问题。因为不明白这个规则，他们就越饥饿——对钱、对物、对服务的饥饿，这种饥饿让他们更加陷入相对贫穷之中，成了少数人的消费机器。大家常说，这个世界，金钱不是万能的，但是没有钱又是万万不能的。谁都不想过没有钱的日子，特别是在今天这么一个攀比的社会。"

欧阳先生显然是提高了一点兴趣，说："你们的教育能让这些人改变钱奴的命运吗？不成为别人挣钱的螺丝钉，改变他们为消费而活着的欲望，摆脱一直消费的饥饿状态，改变与钱打交道的方式，成为明白人？"

我说："说得好，这就是财商教育。金钱生活有四个象限（UB、UQ、AB、AQ），这是金钱社会的真相，我们处在一个经济发达的社会，工业革命以后，社会分工越来越细，财富越来越多，科技、理性让我们的生活选择越来越丰富，似乎真的像爱默生说的，事物骑在马鞍上驾驭着人类，人类在这场自己创造的文明盛宴中，越来越变成糊涂的消费机器，变得越来越忙。幸福感在受到考验，呈现递减趋势，也就是你说的精神世界被挤占、被忽略，大众关注自己精神世界的时间和需求越来越少，你刚才还说现在来听音乐会的人越来越少。

"当然，也可以说这是一个过程，这些人还会回归有精神享受的生活，这是对的，经过一个过程以后，在人们理性处理好自己和金钱关系的时候，还会腾出时间来追求精神上的东西，但是我们不能单纯等待，总要做点什么，这就是财商教育在做的事情。

"另外，有人说人类陷入了自己创造的文明陷阱，那是他无法驾驭这些事物，或者说根本不明白这个物质财富游戏，一旦他明白了，则不会再认为事物骑在马鞍上驾驭着人类了。"

为什么要成为一个明白人

"每个人都在与金钱打交道，如何能在金钱生活的四个象限当中从左边到右边，从不明白到明白呢？第一，明白自己，明白自己到底需要多少钱，需要钱干什么，自己是一个什么样的性格。第二，明白钱，金钱、经济也是一门科学，有它的规律，你要去尊重它、正视它。第三，要找到自己和金钱打交道的方式。这是我们每个人在这个金钱社会必须明白的，自己处在哪个象限，哪些事情是我们要做的。"

欧阳先生说："就算你们的初衷是好的，但为什么大家要去接受财商教育,要去当一个金钱方面的明白人呢?其实很多人、很多事情,就像孟子讲的:'终身由之而不知其道者,众也。'他们知道这么做就好了,不用知道为什么这样做,知道以后会让他们的生活变得可怕,听你刚才说的少数人的设计,就像潘多拉的盒子被打开了一样,不知道你说的是不是正确的,少数人设计了我们的生活方式。就算是正确的,如果我们不能反抗的话,我们为什么要知道这个阴谋呢?知道了有什么好处呢?"

"反抗。"我说,"你说了一个很好的词,你可以不反抗,但要做一个明白的不反抗者。大部分人因为不明白而变得焦虑、浮躁,生活不从容,更不用说自己的兴趣爱好和事业不得不夭折了,这是你不明白的代价。也就是说潘多拉的盒子可以不打开,大家就在金钱生活四象限(UB、UQ、AB、AQ)中的 UQ 象限。今天是个信息时代,更多的信息以各种渠道进入我们的脑海,少部分人的田园生活或者世外桃源的生活很容易被打破,最终他们会知道真相,当他们知道真相的时候他们会变得恐慌,或者更加依赖于右边少数人的设计,但潘多拉的盒子迟早要被打开。"

欧阳先生继续问我:"为什么人们要明白这个呢?"

我说:"很简单,像今天一些荒芜的农村,为什么年轻人都跑到城市?因为他们知道城市生活更丰富、更有趣。为什么很多人要跑到北上广深,因为北上广深的生活更加丰富多彩,更热闹,这是挡不住的。大部分人都想过右边象限的生活,想过富人的生活,想挣更多的钱买更多的东西,不管是自己需要还是为了攀比。不管是匮乏性动机还是成长性动机,无论是要用钱证明自己还是用挣钱过程来实现自己的人生价值,他们很多人迟早会知道这些,外面的世界很精彩，知道别人有不一样的生活，所以他们想改变。也就是说大部分人，当他们知道了以后，特别是我们今天的年轻人，就像你儿子一样想从左边象限到右边象限，变成明白的人。"

欧阳先生说："那你让他们明白什么？左边和右边象限有什么区别呢？"

我回答说："关于金钱生活，作为一个明白人，他们明白自己的财商，明白自己的MBW。作为一个不明白的人，他们不知道自己拥有财商，更不明白自己的MBW。什么叫'MBW'？MBW就是面对金钱财富你的动机在哪里？面对金钱财富你的行为习惯是什么？面对金钱财富你选择的方法和路径是怎样的？这是他们不明白的，也没有理性地正视和思考过。所以他们处在左边象限。也就是说，如果他们想变成一个明白人，他们必须从动机、行为习惯、路径上入手来改变自己。"

欧阳先生说："现在我算是明白一点，你们是想通过对年轻人进行MBW教育，也就是说让他们通过MBW这三个方面的学习，把自己变成一个明白的人，明白自己有财商，明白自己的财商应该从哪方面进行改变，最后让他们在金钱生活中给自己设计向右边象限去的路径、方法，但是这一定很难。中国有句话，叫难得糊涂，就是说有时为了获得幸福而故意麻痹自己，对红尘清醒而又不能改变是很痛苦的，所以做一个不明白的人更容易。"

我说："是的，但让人们有权利在金钱世界生活得光亮些、明白些，总是好的，能否成为富人，那只是一种结果。"

欧阳先生问："你们这样做容易吗？要知道一方水土养一方人，每个人的性格决定了他的习惯，习惯决定他的命运，很多时候是环境决定了性格,大部分人知道也不一定能做到,这就是个性差异。"

我说:"说得对,从左边象限到右边象限,从不明白到明白,从具有不太协调的 MBW 变成协调的 MBW,从而变成金钱生活的主人,这个过程是很难,所以他们才加入富爸爸俱乐部,通过做财商方面的事情、学习财商方面的知识及玩与财商相关的现金流游戏,借此培养自己面对金钱财富的行为习惯,同时塑造一个能经得起考验的动机,最后找到适合自己的路径。"

什么是财商测评

"说到动机,我很关心自己的孩子在你们那里做的事情,我儿子的 MBW 怎样?以及他算是一个明白人吗?"

"经过我们的测试,你儿子的财商分数……"

"什么测试?"

"就是财商测评。"

"你们还有财商测评?"

"是的,经过测试,你儿子的财商动机分数比较高,他的路径和行为习惯分数相对较低。"

"很有意思,所以说我儿子的创富动机……"

"你儿子的创富动机属于成长性创富动机而不是匮乏性创富动机,他显然不是因为曾经吃过苦、贫穷过、受辱过,需要用钱证明自己、用钱攀比的人。他的创富动机来源于他喜欢的音乐传播事业。

说到这，看来是受到你的影响，他希望有更多的人能够听到音乐，他认为音乐是很好的教育，能够从音乐教育中培养审美情趣、审美素养。但是很多人因为各种原因接触不到音乐，更接触不到音乐教育，所以他很想做这个事情。当然，他知道做这个事情很难，不管怎样，他想帮助更多的人知道音乐和喜欢音乐，这就是他的创富动机。

"他接触到我们以后，知道为什么这个项目做起来很难，问题出在这个项目的路径设计上，也就是说这个项目可以做成一个公司，用公司来整合相关资源，找到MBW匹配的合伙人。做这个项目要求他要具备什么样的行为习惯，他现在有点明白了，开始训练自己，他必须具备做这个项目所需要的行为习惯和做企业的知识，需要做财务预算，需要做管理。

"根据我的判断，你儿子以后会在音乐传播上做出一个很有意义的公司，这是他努力的方向。君子不言利，从这个角度讲是对的。君子为事业而奋斗，做一个有钱的君子。"

欧阳先生说："很有意思。"

"有了这样的动机，手段和目的是融为一体的。在传播音乐的同时，公司的财富也在积累。这就是我们说的，富人是不为钱工作的。"

欧阳先生马上说："什么？富人不为钱工作？你这个逻辑是错的，在我们心目中，那些奸商都是为了钱而做不道德的事情，包括那些贪官等。"

"是的，"我说，"这些人更需要财商教育，他们显然不知道人与钱打交道的能力是财商，这个能力有一个重要的指标：就是了解钱，钱有什么用。有些人由于匮乏性动机造成了对钱极度的依赖，所以他们采取一些极端的手段去获取，还是那句话，人在江湖混，迟早是要还的。如果是非法之财，就像孔子讲的不义之财如浮云，而这个义显然就是说你要拥有成长性创富动机的义，也就是要有不仅仅是为钱工作的事业。所以，真正最后能够成为财富英雄的人一定是能够知道回馈社会、知道财富本质的人。其实中国人对财富的本质还是有深刻理解的，所以在中国文化当中，商人的地位都是排在士、农、工的后面的。"

欧阳先生说："这我赞同，我觉得商人从来都不应该是这个社会的主流。"

"是的，但是今天在这么一个经济非常发达的时候，商人和金钱又统管着很多资源的调配和创新，商人似乎又成了这个时代的英雄，我们的科技、文化、教育还有政治，都会受到商业法则的影响。但人们经历了大量财富创造和积累然后又毁灭的过程，从而明白金钱和财富在我们生命中到底居于什么地位和角色后，那时就可能达到按需分配，社会高度发达，消灭'私有化'，当然，这个是另一个话题了。"

欧阳先生说："很有意思，也就是说财商教育最终的目的不是让大家成为钱奴，而是成为金钱的主人，甚至把金钱的作用和位置淡化成生活当中的一小部分，而不像今天充斥成我们生活的主要部分，更进一步说，一场为钱为财富而开始的教育，最后是要把钱和财富归位到它自己应有的位置上去，把人们从金钱中解放出来，还我们原本尊贵的生活。"

财商教育，还您自由生活

我接着说："对的，欧阳先生，我们一定会经历这个过程，其中有一些人学习财商的目的是为了挣更多的钱。他们只有在足够富裕的基础上，才能成为一个明白人，成为一个具有成长性动机的 AB 象限的人，或者是成长为一个生活和谐、财富自由的 AQ 象限的人。其实我们关于金钱生活四个象限的划分，也仅仅是一个权宜之计，是在今天人人都想出人头地，想成功，想出名，想被人尊重的环境下，才有这样的划分，而且这种划分本身带着强烈的西方理性色彩，因为西方的理性、科学都是对事物进行分类，进行分析和总结。

"对于中国传统文化来说，还有另外一个我们可以不用理性分析，而是用心去发现和触动的世界，也即我们的直觉世界。艺术属于这个世界，但手段和方法也需要理性。科学和艺术这两者看似矛盾，却又相融相通，如一只手的两面。

"我们进行金钱四个象限的划分，是想让很多与钱打交道的人有一个更清晰的路径。但对一些超越了在有限世界里进行交互的人来说，这个显然没有任何意义。不管自己生活在哪个象限，他们知道有限世界里的财富规则，就是有限资源、有限欲望，同时他们拥有更多资源的整合能力。就像欧阳先生一样，我认为你是一个很富有的人。"

每个人都可以是富人

欧阳先生惊叹道:"什么?我是富有的人?我经常为了家里的开支而发愁,比如说儿子很想做这个项目,我却不能从财务上支持他。"

我回答道:"没错,我认为你是一个很富有的人。财富的本质就是交互的权利。大部分人在生活当中,行使交互权利的时候需要一件工具或手段,比如说借用语言和货币,但是有的人在行使这种交互权利的时候,他可以不通过语言、不通过货币,如可以通过音乐来与世界打交道。事实上,我们和世界刹那的交互,体验和升华的感觉是无与伦比的。从这个角度来说,每一个直觉很强的人,艺术家也好、宗教学者也好、修行者也好,还有对生活充满热爱的普通人,他们都是富人,他们都找到了自己的交互权利,并实施了自己的交互权利。

"换句话说,人人都是富人,只不过每个人都在寻找自己和这个世界交互的方式方法,也就是说每个人都在寻找自己的生活方式,像孔子一样终其一生通过政治、通过教育寻找自己的生活方式。普通人也一样,只不过有的人明白自己的生活方式,有的人不明白。就像每个人都有自己的生活方式,每个人都有和他人、和自己、和外物、和宇宙、和天下的交互方式,当这种交互方式从不自觉变成自觉的时候,每个人就希望扩大自己的交互权利,于是乎就想利用文明的手段,或者重新发现一些文明的手段,比如说语言、货币、科学、微信、互联网来扩大这种交互权利,当然最高觉悟者又是抛弃了这些手段的,所谓'无住而住'。

"通过这些手段，人们找到了更丰富的交互手段，在今天，好多是通过货币手段达到的，通过货币的储备、交换和定价来达到。但是，还有很多交互现象、生活方式是不可以或者是不用通过货币手段也可以达到，比如正义、平等、人生自由等。有些人因为不明白自己的生活方式，所以就去追随模仿别人的生活方式，而别人是用货币手段证明自己是富人，可以买更多的东西，于是就开始羡慕这些富人，开始羡慕他们的生活方式，抛弃掉自己本身富足的生活方式，走上了一条为他人作嫁衣的生活方式，也就是说，他自己的财富、他自己的交互权利、他自己的生活方式被破坏、被毁了。

"从这个角度来说，财商教育的最高境界就是让每个人明白自己是富人，你只要找到自己的生活方式，找到自己和他人和万世万物交互的方式，你就可以生活得安逸、宁静、祥和、富有、从容。当然，因为你没有找到自己的财富，所以你就去模仿或者攀比其他的富人，只会积累像货币这种交互手段，这样我们才有了四个象限（UB、UQ、AB、AQ）的划分。也就是说，四个象限的划分对这些已经拥有富有的交互手段和交互形式的人来说没有任何价值，也没有任何意义。

"这些话是与您交互出来的，但对年轻人，我不会这样讲，要用理性世界、有限世界的话来讲，就是要讲分别、讲改变、讲左右象限的区别、讲奋斗、讲四个象限、讲财务自由、讲成功等，因为这就是生活，特别是年轻人的生活。他们朝气蓬勃，青春、生命的力量就是去开拓、竞争、创造，这是使世界丰富的重要一面。"

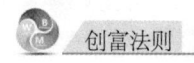

追求三种生活方式

我接着说:"欧阳先生,我觉得每个人实际上有三种生活方式。第一种是自己的哲学生活 那就是对各种事物意义、存在的思考和明白,让自己成为一个理性的人。第二种是自己的艺术生活,让每天的普通生活充满着直觉的娱乐、意外和高峰体验等。当然,每个人还有一种经济生活,那就是说他还要处理自己和家人的衣食住行、收支平衡等问题。如果这个经济生活和事业结合起来,变成一种成长性动机,那么你有可能成为富人,也可能成为一个平和的人。事物的两面,一面是有分别的理性,一面是无分别的直觉。我们被有限交互所诱惑,才有了对有限世界的追求,才有了文化、政治、经济等。"

欧阳先生问道:"你们是准备通过 MBW 的训练,让大家成为明白的人?"

我说:"是的,MBW 是我们具体下手的三个方面,但最重要的就是财富行为习惯的培养。"

"行为习惯?"欧阳先生说:"我倒是觉得你们要培养一个人的行为习惯,也就是经济素养,是不是应该从中小学生入手更好?"

我答道:"是的,欧阳先生你说得很对,其实最好的财商培养时机应该是从一个孩子七八岁开始,因为这时候是他们财富行为习惯养成的初期,是他们发现、认识和培养动机的开始,这个时候就开始塑造财商更容易养成对市场、对消费、对金钱财富自信的理性行为习惯,而不是长大后形成对市场、合同、贫富差距产生恐惧、慌张、不自信的行为习惯。

"所以，我们现在也在中小学做试点研究，找出好的方法。你儿子准备加入我们的学校测验项目，给孩子们讲钱从哪里来、钱到哪里去、钱有什么用，通过这些方式并结合每个孩子的爱好、兴趣，让大家了解我们经济社会中的这些理性元素，了解它们的规律、法则。一些贫困地区的校长和老师们也希望能得到这方面的提升。在这个经济社会，孩子们也在花钱，也在与商品打交道，也有攀比心等，会遇到很多与钱相关的问题，学校会遇到、家里会遇到、社会上会遇到，我们放弃教他们财商的机会，社会上有人愿意去教他们，培养不好的行为习惯和动机，可能会把他们引上歧途，甚至走向犯错的道路。"

西方对理性人的假设过时了吗？

"还有部分孩子的家长，他们一直在做着生意，也希望知道一些关于财商的基本知识，特别是目前众多的财富形式、投资手段、投资工具。现在很多人经常会上当受骗，交了惨痛的学费，但是大家的愿望都是很好的，想挣更多的钱，结果却不尽如人意，如同现在的股市一样，大部分人都是亏钱的。"

欧阳震说："你说得有一定道理，但是这些东西都是西方非黑即白的二元论所演绎出来的，到今天还是这样。尽管出现了爱因斯坦的相对论和量子力学代表的现代物理学，开始否定这些，即观察者和被观察者融为一体，没有绝对的时间和空间，即没有绝对的普适和物质法则，但是我们现在做的还是零和游戏，也就是有人多了就有人少。因为我们能描述和比较的这些东西都是有限的，针对有限的资源要流动、选择、分配，所以就有了经济这门科学，有了人的私欲，即人天生有不断追逐自己私利的理性需求，这就要市场用价格方式调配有限资源，引导生产和消费等。但人在有限世界里是天生有不断追求私利的理性人的假设，是不是西方人给地球、给人类带来的另外一个误区？也就是说，无限欲望的人类是不是一定在有限交互世界中生活？我们所面对的各种资源是不是一定是有限的？我们的欲望是不是一定就是无限的？这是现在财富和经济存在的根本基础，如果这个基础被质疑了、挑战了，或者说这些假设给人类文明带来的积极影响正在过时，也许还在向相反的方向转化，那我们所谓的经济学、金融学，包括你的这个财商就不存在了。所以从这个角度来说财商不应该成为人的重要素质之一，像你们现在所倡导的那样。"

有限与无限并存的世界正在显现

我说："非常同意你所说的，西方文艺复兴以后现代科学的发展、工业革命的发展，把人类带进了有限交互的兴盛繁荣，也带进了有限交互的怪圈。在这个怪圈里面，金钱和资本成了最重要的力量，并且资本成了左右人类文明的最大力量，甚至是唯一的力量。但人类还有直觉、感觉、灵魂和精神的另外一面，无法量化，无法以量化的方式进行交换。所以，人类就只有匍匐在有限交互的这个怪胎上，依靠着货币资本的余热苟延残喘，满足少数人的利益。

而少数人也在这场资本的盛宴中，最终走向了自我的毁灭，像马克思所预言的一样。因为他们所依赖的大部分人的无限欲望正在消失，社会上会有更多的终南山隐士和梭罗出现。

"少数利益集团要不断以各种营销、广告、产品和服务的方式刺激大部分人的消费动机，生活方式的改变、更加疲惫的饥饿式的消费渴望，让大部分人感觉到贫穷、不安全和恐惧。但世事无常，一切都在变，大部分人的生活法则也在受到挑战和质疑。

"所以，有限交互世界的假设是不是也走到了尽头，或者说正受到极大的挑战？东方人一向崇尚有限交互和无限交互并存的世界，换句话说更崇尚非科学、非理性、去分别、直觉的修身养性和整体发展，最后达到天人合一的最高境界。

"同样，我想提醒欧阳先生，无论我们怎么体悟欣赏无限世界交互的美妙，我们每个人在有限的生命之中依然是有限的，我们对不可知的世界、对无限世界只能是谦卑和敬畏的，是不可知的。也正因为这种谦卑、敬畏、不可知才让我们人类有了前进的动力，我们了解得越多，我们不了解的就更多，或无法表述研究的就更多，这就是宇宙真相。"

"我们只能在有限交互世界里面去解释无限的东西，而且有些解释是无法用言语表达的，就像有些解释用语言，有些解释用货币，有些解释用音乐，还有些解释音乐也无法办到，它甚至是无声的、无语的、无言的，就像禅宗讲的一样，是不可说的，因为言语的有限逻辑和框框把无限框住了，不能表达无限的美妙。

"但是，不论是寻求有限交互还是无限交互，我们只生活在有限世界里面，我们必然要用有限交互的媒介，不管是货币还是语言，都是最重要的工具，人跟钱打交道也就非常重要。但我们在有限交互的这一面时，有直觉会跳出来提醒我们，还有另外一面，就像手心手背，有手掌有限的这一面，还有手背无限的那一面，这样才能构成我们这个宇宙的整体。至于我们从哪个角度去解释，从哪个角度去窥视，去求知这个有限和无限并存的世界，则因人而异。不管怎么样，我们每个人都无法逃出有限交互世界中最基本的媒介对我们生活的影响，一个是语言，一个是货币。"

到底有没有财富自由？

我接着说："至于你说的到底有没有财富自由，实际上每个人都是不断地从自由到不自由，也就是从自由自在的婴儿开始，慢慢地有越来越多的东西开始束缚他。随着人的不断长大，他和这个世界表达和交互的方式也越来越多，也有了更多的束缚，包括金钱。知道了金钱也就知道了更多的可能性和欲望，但同时也有了更多困惑和束缚。

"于是人们才有对自由的渴望和向往。既然自由是人类追求的目标之一，那么在生活方式受困于某一种工具所带来的困惑和不自由时，就需要我们首先去反思和打破，此所谓要突破名利关。冯友兰讲，人的境界发展从自然境界到功利境界，到道德境界到天地境界，都是不断地在突破人的自私欲望。这种突破必须要从最根本处下手，如果连名利关都打不破，何谈财富自由、人生自由、心灵自由？

"当然，财商所讲的财富自由比人生自由、心灵自由的实现要现实和简单得多。当你在处理各种经济问题的时候，当你在消费的时候，你不存在钱多钱少的问题，因为要价很高的商品服务并不一定是你真正想要的。自然你就不存在这样的问题了。当你已经明白金钱只是一种交互的方式，你可以有更多的交互方式，比如用音乐来和这个世界沟通，你就不会局限于对某一种商品的欲望。从而实现从财富到心灵的真正自由。"

欧阳先生说："很有道理，但是我还是纳闷，你讲这个世界是由少数人支配着绝大多数的资源，我也同意，少数的世界金融寡头、企业、利益方设计了我们的生活方式。尽管我们有少数的艺术家、科学家、哲学家在挑战和突破这些方式，但远远不够。最后，他们往往还是要受制于财富的控制、制度的控制，很难冲出。这是人生的悲剧，但也是人生的精彩体验之处，总是在束缚中寻找自由，又在自由中不知不觉地落入束缚。你们做的财商教育应该是让更多人通过训练自己的财商，训练自己的MBW，从左边象限到右边象限，多数不明白的人到少数明白的人，这是我儿子讲的。他现在希望有一个好的创富行为习惯，经过财商测评，他觉得自己有很好的创富动机，希望有很好的财富行为习惯和路径，也就是找到做音乐传播项目的企业来帮助他完成这个事情，其中引入也包括资本的力量等。我依然很诧异，通过教育能让左边象限的人到右边象限吗？B、M真的能够改变吗？"

每个人都有权知道左右象限的差别及 M、B、W 创富法则

我答道："欧阳先生，问得好，表面上我们似乎在做着一件不可能的事情，这个世界永远是'二八法则'，有力量的、有权力的、有控制力的人，是右边象限的少数人，而左边象限的大多数人，也就是说不管我们怎么进行教育，依然还是在左边象限。有一点，我想与先生分享，在今天信息这么发达的时代，我想每个人都有权利了解这个事实，不管他在青年时期、少年时期还是成年时期，他可以在象限的左边待着也可以在象限的右边待着。左边有左边的舒服和安逸，即所谓的'安全'，右边有右边的风险、挑战，有右边的孤独，同时左边和右边的人也有不同的收获和体验，至少每个人有权利知道这个，然后再决定他的选择。当然，大部分人最后还是选择留在了左边，而不是孤独的右边。

"看看现在，大多数父母希望自己的孩子成功、成名，实际上就希望他们去右边象限，但是他们不知道怎样让孩子通过教育去右边象限，所以我们才提出了 MBW 财富法则，找到大家应该怎样培养自己的行为习惯和动机的方法，从左边象限到右边象限。

"是的，说来容易做到难，知道不等于做到。可能大部分人接受了财商教育，也知道这个道理，最终还是停留在左边象限，这往往是我们说的受环境制约，如果没有改变环境，大部分人是不可能改变的，就像中国如果没有改革开放，没有人口的流动和环境的变化，是不可能富强起来的，财富是不可能快速创造出来的。

"人类也是一样，所以才有我们古人说的'穷则变，变则通，通则达'。培养行为习惯和动机是需要环境的。大部分人由于无法改变自己的环境，所以他只能在左边象限待着。改变环境是需要极大勇气的，需要改变朋友圈，以及改变生活习惯、起居方式、说话做事的方式，甚至从某个角度来说还要完成自己的一场革命，这个真的很难。也有人说，如果你自己都改变了，你就不是那个人了，但是你通过这个转变的过程，变成了一个明白人后，虽然未来可能会回到原来的环境，回到左边象限，但至少当下可能去AQ象限，成为财富自由之人。

"从某个角度来说，财商教育对少数人更有效，对少数敢于付出的人有效，对大部分人来说只是让他们知道他们有两种选择，仅此而已，最终也改变不了什么。因为他们的投资观念、消费观念、投资习惯、消费习惯、投资路径、消费路径等都不可能做大的改变，因为他们的环境无法改变，他们的朋友圈、生活氛围没法改变。

"但是，这并不意味着没有可能改变，今天互联网的发展对环境的影响产生了新的可能性，物理环境可能没有什么变化，但通过互联网可为自己营造一个改变了的网络环境。随着现在交通的发达，北京到广州8小时的路程，以后时间会更短，中国到欧洲到美国也就是一天时间，甚至会更短。现在科学证明了我们的时空可以以能量的形式互相转化，到那个时候，环境的转变不是太难，关键是你的观念、你的思维方式。"

财商教育让少数人心智成熟

"同时,财商教育也是让少数人心智成熟的路径。对大部分缺失财商的人来说,面对随时发生的金钱问题只能选择逃避。逃避有两种方式,一是假装问题不存在,一是用另外的问题去替换这个问题,而没有最终解决问题。他们会发牢骚转移问题的焦点、埋怨别人等。只有心智成熟的人才会勇敢地面对今天所产生的一切问题,待遇问题、奖金问题、收入问题、消费问题、价格问题、自己的价值问题等,可以用成熟的财商智慧让自己给自己一些成熟的解决方法。特别是他们会充分利用理性力量和直觉力量,让自己的心智不断成熟,最后达到一种人景合一的境界。

"之前我们说过金钱生活四个象限的划分,UB、UQ、AB、AQ 也是借用了西方的理性思维,以我的观点,每个人都是富人,每个人都能实现财务自由和人生自由,只是我们所处的环境把我们影响了,现在的文明一方面丰富了我们的生活,另外一方面又把我们的欲望加重了,使我们为钱所苦。

"所以我们为了更好地应对这个深受金钱影响的生活环境,有必要做四个象限的划分,让大家找到自己的位置并做出改变;当你真正地看到了每个人富有的本质,以及对你自私本性的重新反思和评判,当你超越了金钱环境对你的影响,去掉了这些环境对你的影响,你也就变得富有和自由了。"

不为钱工作，就财务自由了

"财商教育是现代文明发展的产物，如果今天的生活不需要太多的金钱元素来运转、管理的话，也就是说我们日常生活不需要太多的货币来干预的话，我们也可以享受更多丰富的物质，那财商教育就不需要了。其实财商教育根本的目的是让大家明白一点，就是不要为钱工作。不为钱工作你就达到了财务自由，但是不为钱工作，这又是很多人认为不可能的，吃喝拉撒要支出，没有钱怎么解决这些问题？

"富人只为自己的事业工作，只为自己的兴趣工作。今天科技、互联网、财富手段都如此丰富，只要把兴趣做得够精致、有特色、足够受人关注，那么就能变成资产，就能带来现金流，这样的人是有财务自由的。

"这样的话，孔子说的君子不言利是正确的。

"古时候，因为货币还没有那么发达，对生活的干预没有那么大，我们的资源流动也没有像今天这么繁荣、快捷，所以，很多人的生活方式相对来说比较简单，可以不谈钱也能活下去，还活得比较有尊严。到后来，随着金钱的作用越来越大，对资源配置、管理、创新的作用越来越大，随着人口的流动越来越多，人们发现金钱是一个很神奇的东西，非常有力量，尤其是对一个人的名、利、生活质量，于是大家就开始疯狂追逐金钱。追逐金钱会给社会带来一定的混乱，比如不道德、抢劫、杀人，甚至战争。国家与国家之间的战争，最大的动因就是对利益的争夺。

"今天，我们又可以说君子不言利了，也就是说，当我们具有了财商思维，能够把自己的兴趣、事业变成资产，真的可以不用谈钱了。因为有那么多的金融机构、服务机构会为你服务，因为你懂财商，可以让钱为你工作。

"也许孔子两千多年前有这种意思，我们不得而知，但是，达到财务自由的人就可能是孔子说的君子，他们不为钱工作，他们不谈钱，但是他们富有，他们受人尊敬，钱为他们工作。这就是我们财商教育要达到的最高境界，就是把自己培养成一个有金钱财富的君子，也就是说金钱只是你生活的一个道具。我们对四个象限的划分，是建立在大家不明白的基础上，是一种教育的工具和手段。人们一旦明白这一点后，对四个象限的划分就没有任何意义了，这些对金钱的反复认识与体验，也是我从对金钱问题的很多困惑之中明白的，现在还有很多问题，所以财商教育还要继续下去。"

不知不觉，时间过去了两个多小时，离音乐会开演还差十几分钟，欧阳先生站起来说："今天算是对你的财商教育有了一个比较全面的了解，当然这里面还有很多细节，你们如何进行动机训练，如何进行行为习惯训练，如何进行路径训练，有机会我还想继续关注一下，音乐会马上就要开始了，我们可以下次再继续聊。"

我说："很高兴与你交谈交互，有很多知识分子对财商教育有一种很复杂的心态。不管怎么说，真理越辩越明，这是一个出现在经济时代的教育产品，我希望有更多的学者专家来关注它。你们搞音乐教育的，表面上和它离得很远，但实际上也是生活在金钱的世界，你们的关心对财商教育也非常有益。"

后 记

　　每个人都在与金钱打交道，我们不难发现，在当下，赚钱似乎更加艰难，某种程度上却又更为轻易，只因为在数字时代，创富环境的不确定性越来越强，经济生活中的"集"越来越多，能不能挣到钱就看个人是否能看到更多"集"，并到"集"上去建构自己的"知产"。在数字时代，知产是资产的前提，追求金钱必先拥有知产。

　　怎样建构知产呢？遭遇经典或许是一种可行的方式。我们都生活在"集"中，而"集"上的道德、规则、规律、法律等都由经典构筑而成。经典并非高不可攀，我们本就生活在经典之中，现在是时候重新审视"集"上那些曾经被忽略的经典了。

　　去哪里遭遇经典呢？2005年，北京读书人文化艺术有限公司成立了专为个人提供高质量阅读服务的文化交流平台——读书人VIP俱乐部，以楼宇烈、钱逊和牟钟鉴等学者为专家顾问，开设文化沙龙、讲座、经典研讨和户外阅读等一系列活动，曾得到社会各界读书人的积极响应。今天，面对数字时代知识异化、人被知识丛林围困的严峻挑战，我们将重启"读书人VIP俱乐部"，并调整、更名为"知产集习社"，意在为广大读书人提供一个全新的阅读平台。

　　遭遇经典，集习知产，自我建构，富有生活！

扫码加入知产集习社

图书在版编目（CIP）数据

创富法则：通往财富自由之路的七堂必修课 / 汤小明著. -- 成都：四川人民出版社，2023.9
ISBN 978-7-220-13231-5

Ⅰ.①创… Ⅱ.①汤… Ⅲ.①成功心理—通俗读物 Ⅳ.① B848.4-49

中国国家版本馆 CIP 数据核字 (2023) 第 146265 号

CHUANGFU FAZE : TONGWANG CAIFU ZIYOU ZHILU DE QITANG BIXIUKE
创富法则：通往财富自由之路的七堂必修课
汤小明 著

责任编辑	何朝霞 孙 茜
特约编辑	赵 晶 张 芹
封面设计	朱 红
版式设计	北京乐阅文化有限责任公司
责任印制	王征征
出版发行	四川人民出版社（成都三色路 238 号）
网　　址	http://www.scpph.com
E-mail	scrmcbs@sina.com
新浪微博	@ 四川人民出版社
微信公众号	四川人民出版社
发行部业务电话	（028）86361653　86361656
防盗版举报电话	（028）86361653
照　　排	北京乐阅文化有限责任公司
印　　刷	三河市中晟雅豪印务有限公司
成品尺寸	146mm×208mm
印　　张	7.25
字　　数	160 千字
版　　次	2023 年 9 月第 1 版
印　　次	2023 年 9 月第 1 次印刷
书　　号	ISBN 978-7-220-13231-5
定　　价	58.00 元

■版权所有·侵权必究
本书若出现印装质量问题，请与我社发行部联系调换
电话：（028）86361656